HEYNE KOCHBÜCHER

Dr. Oetker

Pizza, Quiche, Tarte

WILHELM HEYNE VERLAG
MÜNCHEN

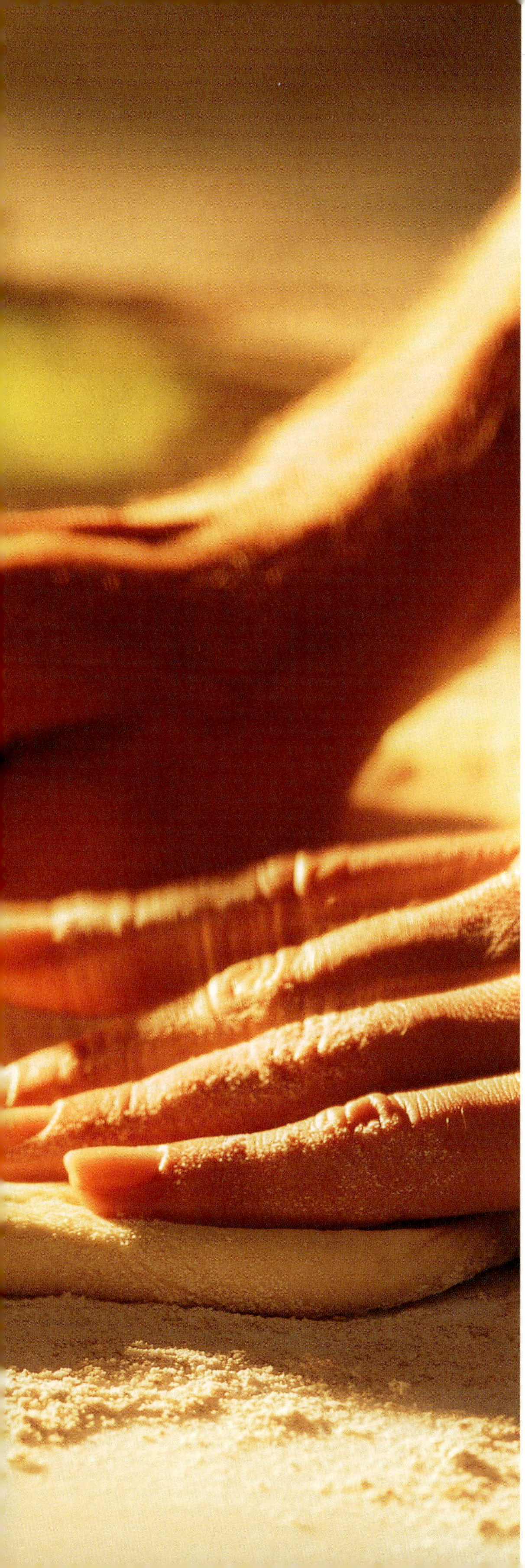

Vorwort

Pizza ist mehr als nur Teig mit Belag. Selbst gemachte Pizza, belegt mit Thunfisch oder Salami, Champignons oder sonnengereiften Tomaten, gekrönt mit geriebenem Käse, lassen jeden Abend mit Ihrer Familie oder Freunden zu einem glatten Erfolg werden.

Auch mit den selbst gemachten Quiches, Tartes oder Pies werden Sie Komplimente ernten.

Kapitelübersicht

Pizza mit Fleisch, Fisch und Gemüse

SEITE 8-35

Gemüsekuchen

SEITE 36-55

Quiches & Tartes

SEITE 56-69

Pies & Pasteten

SEITE 70-91

RATGEBER SEITE 92-93

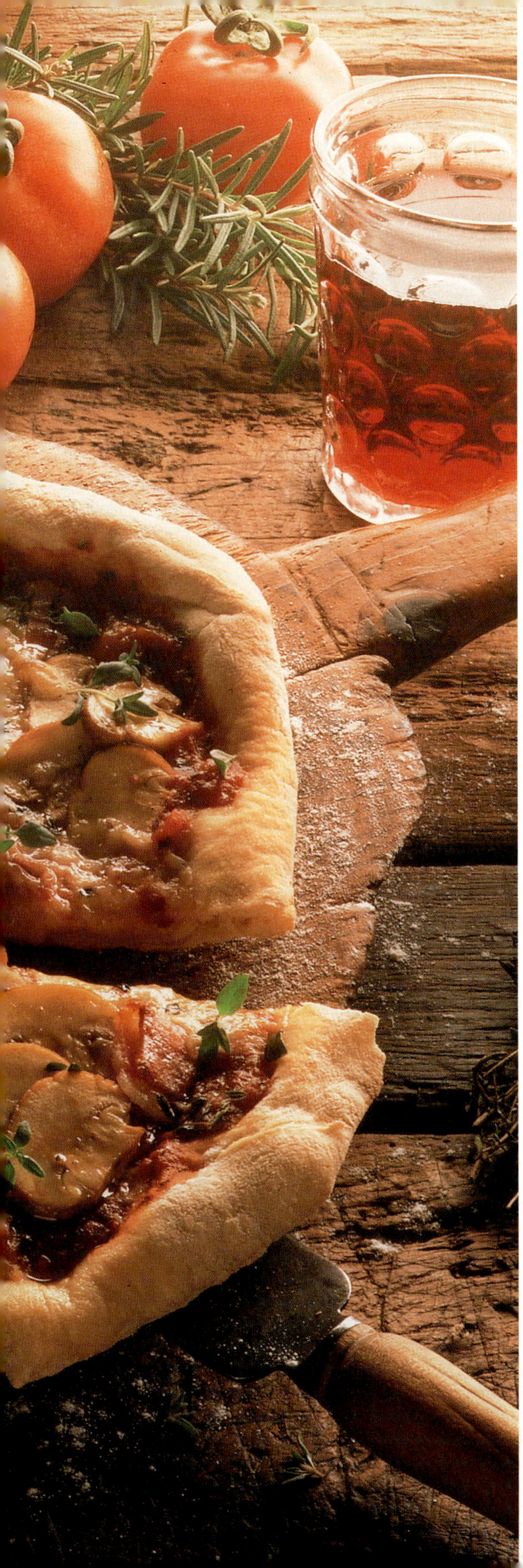

Pizza mit Fleisch, Fisch und Gemüse

*Champignonpizza,
Rezept Seite 10*

DIE ZUTATEN:

FÜR DEN HEFETEIG:
300 g WEIZENMEHL
20 g FRISCHE HEFE
1 TL ZUCKER
KNAPP 200 ml LAUWARMES WASSER
1 GESTR. TL SALZ
2 EL OLIVENÖL

FÜR DEN BELAG:
1 ZWIEBEL
1 KNOBLAUCHZEHE
1–2 EL OLIVENÖL
240 g GESCHÄLTE TOMATEN (AUS DER DOSE)
1 DOSE TOMATENMARK (70 g)
SALZ
FRISCH GEMAHLENER PFEFFER
600 g CRÈME-CHAMPIGNONS
3–4 EL OLIVENÖL
100 g DURCHWACHSENER SPECK IN SCHEIBEN
100 g GERIEBENER EMMENTALER
GEREBELTER OREGANO

OREGANOBLÄTTCHEN

CHAMPIGNONPIZZA

(FOTO SEITE 8/9)

1. Für den Teig Mehl in eine Rührschüssel sieben, in die Mitte eine Vertiefung eindrücken, Hefe hineinbröckeln, Zucker und etwas Wasser dazugeben, mit der Hefe verrühren. Etwa 10 Minuten gehen lassen. Das restliche Wasser, Salz und Öl hinzufügen. Die Zutaten mit Handrührgerät mit Knethaken zunächst auf niedrigster, dann auf höchster Stufe in etwa 3 Minuten zu einem glatten Teig verkneten. Den Teig so lange an einem warmen Ort gehen lassen, bis er sich sichtbar vergrößert hat.

2. Für den Belag Zwiebel und Knoblauch abziehen und in feine Würfel schneiden. Öl erhitzen und Zwiebel- und Knoblauchwürfel darin andünsten, Tomaten dazugeben, etwas zerdrücken, Tomatenmark zugeben und mit Salz und Pfeffer würzen. Die Sauce in etwa 10 Minuten dicklich einkochen, dann abkühlen lassen.

3. Champignons mit einem feuchten Küchenpapier abreiben, evtl. abspülen und trockentupfen, Champignons in Scheiben schneiden. Öl in einer Pfanne erhitzen, Champignonscheiben darin andünsten und mit Salz und Pfeffer würzen, abkühlen lassen.

4. Speck in Streifen schneiden.

5. Den Teig aus der Schüssel nehmen, nochmals gut durchkneten, 2 runde Pizzen (Ø etwa 30 cm) ausrollen und auf mit Backpapier belegte Backbleche legen. Die Tomatensauce auf den Teig geben.

6. Speck und abgetropfte Champignons darauf verteilen, mit Käse und Oregano bestreuen und die Backbleche in den Backofen schieben (Pizzen evtl. hintereinander backen).

Ober-/Unterhitze: etwa 200 °C (vorgeheizt)
Heißluft: etwa 180 °C (vorgeheizt)
Gas: Stufe 3–4 (vorgeheizt)
Backzeit: 20–25 Minuten.

7. Die Pizzen nach Belieben mit Oreganoblättchen bestreuen.

DIE ZUTATEN:

FÜR DEN HEFETEIG:
300 g WEIZENMEHL
1 PCK. TROCKENHEFE
1 GESTR. TL SALZ
4 EL SPEISEÖL
200 ml LAUWARMES WASSER

BROCCOLI-OLIVEN-PIZZA *(FOTO)*

1. Für den Hefeteig Mehl in eine Rührschüssel sieben, mit der Hefe sorgfältig vermischen und Salz hinzufügen.

2. Öl und Wasser dazugeben. Die Zutaten zuerst kurz auf niedrigster, dann auf höchster Stufe in etwa 5 Minuten zu einem glatten Teig verarbeiten. Den Teig zugedeckt an einem warmen Ort gehen lassen, bis er sich sichtbar vergrößert hat.

3. Für den Belag Tomaten zerdrücken und mit Knoblauch, Salz, Pfeffer, Oregano, Basilikum und Rosmarin verrühren und zu einem dicken Brei einkochen lassen. Etwas abkühlen lassen.

4. Den Teig auf einer bemehlten Arbeitsfläche nochmals kurz durchkneten und entweder zu 2 runden Platten (Ø etwa 30 cm) ausrollen und diese auf mit Backpapier belegte Backbleche legen oder den Teig auf einem gefetteten Backblech ausrollen. Mit der Tomatensauce bestreichen.

5. Broccoli putzen, waschen, in Röschen teilen und etwa 5 Minuten in Salzwasser dünsten, dann gut abtropfen lassen.

6. Tomaten waschen, halbieren, die Stängelansätze herausschneiden und Tomaten in Scheiben schneiden. Käse in kleine Stücke teilen.

7. Broccoliröschen, Tomaten und Oliven auf dem bestrichenen Teigboden verteilen, mit Käse bestreuen, Teig nochmals gehen lassen. Die Backbleche in den Backofen schieben.

Ober-/Unterhitze: 200–220 °C (vorgeheizt)
Heißluft: 180–200 °C (vorgeheizt)
Gas: Stufe 3–4 (vorgeheizt)
Backzeit: 20–30 Minuten.

FÜR DEN BELAG:
1 DOSE (850 g) TOMATEN
1 ABGEZOGENE, ZERDRÜCKTE KNOBLAUCHZEHE
SALZ
FRISCH GEMAHLENER PFEFFER
GEREBELTER OREGANO
GEREBELTES BASILIKUM
GETROCKNETER ROSMARIN
1 STAUDE BROCCOLI (500 g)
2 TOMATEN
250 g BEL PAESE (ITALIENISCHER WEICHKÄSE)
70 g SCHWARZE OLIVEN

PIZZA MIT FLEISCH, FISCH UND GEMÜSE

Pizza mit Auberginen und Steinpilzen

DIE ZUTATEN:

FÜR DEN HEFETEIG:
250 g WEIZENMEHL
20 g FRISCHE HEFE
½ TL ZUCKER
125 ml (⅛ l) LAUWARMES WASSER
1 GESTR. TL SALZ
2 EL OLIVENÖL

FÜR DEN BELAG:
1 AUBERGINE (300 g)
SALZ
8 EL OLIVENÖL
300 g STEINPILZE
50 g BUTTER
FRISCH GEMAHLENER PFEFFER
1 EL GEHACKTE PETERSILIE
400 g TOMATEN
250 g MOZZARELLA

1. Für den Teig Mehl in eine Rührschüssel sieben, in die Mitte eine Vertiefung drücken und Hefe hineinbröckeln. Zucker und etwas Wasser zugeben und Hefe darin auflösen. Salz, Öl und restliches Wasser hinzufügen, die Zutaten mit Handrührgerät mit Knethaken zu einem glatten Teig verarbeiten und etwa 10 Minuten an einem warmen Ort gehen lassen.

2. Für den Belag Aubergine waschen, abtrocknen, Stängelansatz entfernen und Aubergine in Scheiben schneiden. Auberginenscheiben mit Salz bestreuen, etwa 10 Minuten stehen lassen und trockentupfen.

3. Öl erhitzen, Auberginenscheiben darin portionsweise braten und auf Küchenpapier legen.

4. Steinpilze putzen, evtl. abspülen, trockentupfen und in Scheiben schneiden. Butter zerlassen, die Pilze darin anbraten, mit Salz und Pfeffer würzen, Petersilie unterrühren.

5. Tomaten waschen, die Stängelansätze herausschneiden und Tomaten in Würfel schneiden.

6. Den Teig zu einer runden Platte (Ø etwa 28 cm) ausrollen, auf ein gefettetes Backblech legen und den Teig mit Tomatenwürfeln belegen. Auberginen und Pilze darauf verteilen.

7. Mozzarella abtropfen lassen, in Scheiben schneiden, auf dem Belag verteilen und das Backblech in den Backofen schieben.

Ober-/Unterhitze: 200–220 °C (vorgeheizt)
Heißluft: 180–200 °C (vorgeheizt)
Gas: etwa Stufe 4 (vorgeheizt)
Backzeit: etwa 20 Minuten.

ZUCCHINIPIZZA

1. Für den Teig Mehl in eine Schüssel sieben, in die Mitte eine Vertiefung eindrücken. Hefe hineinbröckeln und mit Zucker und etwas von dem Wasser verrühren. Etwa 10 Minuten gehen lassen.

2. Das restliche Wasser, Salz und Öl hinzufügen und alle Zutaten mit Handrührgerät mit Knethaken zu einem glatten Teig verarbeiten. Den Teig an einem warmen Ort so lange gehen lassen, bis er sich sichtbar vergrößert hat.

3. Den Teig auf einem gefetteten Backblech ausrollen oder den Teig halbieren und auf 2 gefetteten Backblechen je 1 runde Pizza (Ø etwa 28 cm) ausrollen.

4. Für den Belag Zucchini waschen, abtrocknen und einen flachen Deckel abschneiden. Mit einem Küchenmesser das Fruchtfleisch ½ cm vom Rand entfernt einschneiden und das Innere mit einem Teelöffel aushöhlen. Das Fruchtfleisch hacken und mit dem Gehackten in eine Schüssel geben.

5. Zwiebel abziehen, würfeln, mit Ei, Kräutern, Senf und Ketchup zum Gehackten geben, vermengen, kräftig mit den Gewürzen abschmecken. Die Füllung in die Zucchini geben. Sollte etwas Füllung übrig sein, kann sie unter die Sauce gerührt werden.

6. Für die Tomatensauce Zucchinideckel in kleine Würfel schneiden, mit Tomaten, Gemüsebrühe, Tomatenmark, Salz, Pfeffer, Paprika, Cayennepfeffer, Oregano und Saucenbinder verrühren. Die Tomatensauce auf die Pizzaböden streichen. Die gefüllten Zucchini in ½–1 cm dicke Scheiben schneiden und darauf verteilen. Den abgetropften Mais in die Zwischenräume geben.

7. Tomaten waschen, die Stängelansätze herausschneiden, in schmale Spalten schneiden, zwischen die Zutaten stecken, alles mit Salz und Pfeffer bestreuen. Mozzarella abtropfen lassen, in Scheiben schneiden, auf den Zutaten verteilen, Käse und Oregano darüber streuen. Die Pizza in den Backofen schieben.

Ober-/Unterhitze: etwa 200 °C (vorgeheizt), **Heißluft:** etwa 180 °C (vorgeheizt), **Gas:** etwa Stufe 4 (vorgeheizt), **Backzeit:** etwa 25 Minuten.

DIE ZUTATEN:

FÜR DEN HEFETEIG:
300 g WEIZENMEHL
20 g FRISCHE HEFE
ETWAS ZUCKER
200 ml LAUWARMES WASSER
SALZ
2 EL OLIVENÖL

FÜR DEN BELAG:
3 ZUCCHINI
200 g RINDERGEHACKTES
1 ZWIEBEL
1 EIGELB (GRÖSSE M)
2 EL GEMISCHTE, GEHACKTE KRÄUTER
1 TL SENF
3 EL TOMATENKETCHUP
SALZ, PFEFFER
PAPRIKA EDELSÜSS

FÜR DIE TOMATENSAUCE:
½ DOSE (200 g) STÜCKIGE TOMATEN
125 ml (⅛ l) GEMÜSEBRÜHE
1 EL TOMATENMARK
SALZ, PFEFFER
PAPRIKA EDELSÜSS
CAYENNEPFEFFER
1 TL GEREBELTER OREGANO
½ EL HELLER SAUCENBINDER

1 DOSE (285 g) MAISKÖRNER
2 KLEINE TOMATEN
SALZ, PFEFFER
125 g MOZZARELLA
50 g GERIEBENER KÄSE, Z. B. MITTELALTER GOUDA
GEREBELTER OREGANO

Pizza mit Fisch und Staudensellerie

DIE ZUTATEN:

FÜR DEN HEFETEIG:
250 g WEIZENMEHL
½ TL SALZ
½ TL ZUCKER
20 g FRISCHE HEFE
125 ml (⅛ l) LAUWARMES WASSER
1 TL OLIVENÖL
WEIZENMEHL

FÜR DEN BELAG:
400 g FISCHFILET (ROTBARSCH, KABELJAU ODER SEELACHS)
300 g TOMATEN
200 g STAUDENSELLERIE
4 KLEINE SCHALOTTEN
4 EL OLIVENÖL
SALZ
FRISCH GEMAHLENER PFEFFER
1 KNOBLAUCHZEHE
5 BASILIKUMBLÄTTCHEN
OLIVENÖL
250 g MOZZARELLA

1. Für den Teig Mehl in eine Rührschüssel sieben, mit Salz und Zucker mischen, in die Mitte eine Vertiefung eindrücken, Hefe hineinbröckeln, etwas Wasser dazugeben und Hefe darin auflösen. Etwas Mehl darüber stäuben und den Teig an einem warmen Ort etwa 10 Minuten gehen lassen.

2. Restliches Wasser und Öl dazugeben und die Zutaten mit Handrührgerät mit Knethaken zu einem Teig verarbeiten. Teig zu einer Kugel formen, über Kreuz einschneiden, mit etwas Mehl bestäuben und zugedeckt an einem warmen Ort so lange gehen lassen, bis er sich sichtbar vergrößert hat.

3. Für den Belag Fisch unter fließendem kalten Wasser abspülen, trockentupfen und in etwa 1 cm große Würfel schneiden.

4. Tomaten halbieren, die Stängelansätze herausschneiden, Tomaten entkernen und in große Stücke schneiden.

5. Staudensellerie putzen, die harten Außenfäden abziehen, die Stängel waschen und in dünne Scheiben schneiden.

6. Schalotten abziehen und fein würfeln. Öl erhitzen, Schalottenwürfel darin andünsten, Sellerie hinzufügen, mitdünsten, Tomatenwürfel zugeben und ebenfalls kurz mitdünsten. Mit Salz und Pfeffer würzen und von der Kochstelle nehmen. Knoblauch abziehen und fein würfeln. Basilikumblättchen abspülen, trockentupfen, fein hacken und mit Knoblauch- und Fischwürfeln zu dem Gemüse geben.

7. Den Teig nochmals gut durchkneten, zu einer runden Platte (Ø etwa 28 cm) ausrollen, auf ein gefettetes Backblech legen und mit Öl bestreichen. Den Belag gleichmäßig auf dem Boden verteilen.

8. Mozzarella abtropfen lassen, in kleine Würfel schneiden und auf die Pizza streuen. Das Backblech in den Backofen schieben.

Ober-/Unterhitze: 200–220 °C (vorgeheizt)
Heißluft: 180–200 °C (vorgeheizt)
Gas: etwa Stufe 4 (vorgeheizt)
Backzeit: 20–25 Minuten.

Tipp: Die Pizza nach Belieben mit Basilikumblättchen garnieren.

MEERESPIZZA

DIE ZUTATEN:

FÜR DEN HEFETEIG:
300 g WEIZENMEHL
1 PCK. TROCKENHEFE
½ TL ZUCKER
1 TL SALZ
3 EL SPEISEÖL
125 ml (⅛ l) LAUWARMES WASSER

FÜR DEN BELAG:
500 g TOMATEN
ETWA 200 g SHRIMPS
100 g MUSCHELN AUS DER DOSE
1 GLAS GRÜNE OLIVEN (85–90 g)
2 ZWIEBELN
2 EL SPEISEÖL
1 TL OREGANO
250 g MOZZARELLA
50 g GERIEBENER EMMENTALER

1. Für den Teig Mehl in eine Rührschüssel sieben, mit Hefe sorgfältig vermischen. Zucker, Salz, Öl und Wasser hinzufügen. Alle Zutaten mit Handrührgerät mit Knethaken zunächst auf niedrigster, dann auf höchster Stufe in etwa 5 Minuten zu einem Teig verkneten. Den Teig an einem warmen Ort so lange stehen lassen, bis er sich sichtbar vergrößert hat.

2. Den Teig auf einem Backblech (30 x 40 cm, gefettet) ausrollen.

3. Für den Belag Tomaten waschen, trockentupfen, Stängelansätze herausschneiden. Tomaten in Scheiben schneiden. Shrimps trockentupfen, Muscheln und Oliven abtropfen lassen. Zwiebeln abziehen, halbieren und in Scheiben schneiden.

4. Die Teigplatte mit Öl bestreichen, den Belag gleichmäßig darauf verteilen und mit Oregano bestreuen. Das Backblech in den Backofen schieben.

Ober-/Unterhitze: etwa 200 °C (vorgeheizt)
Heißluft: etwa 180 °C (vorgeheizt)
Gas: Stufe 3–4 (vorgeheizt)
Backzeit: etwa 25 Minuten.

5. Mozzarella abtropfen lassen, in Scheiben schneiden und mit dem Emmentaler über die Pizza streuen.

Beigabe: Grüner oder gemischter Salat.

Pizza Vier Jahreszeiten

DIE ZUTATEN:

FÜR DEN HEFETEIG:
250 g WEIZENMEHL
20 g FRISCHE HEFE
½ TL ZUCKER
125 ml (⅛ l) LAUWARMES WASSER
½ TL SALZ
2 EL OLIVENÖL

FÜR DIE SAUCE:
1 ZWIEBEL
1 KNOBLAUCHZEHE
2 EL OLIVENÖL
1 EL TOMATENMARK
1 DOSE (400 g) PÜRIERTE TOMATEN
GETROCKNETER ROSMARIN
GETROCKNETER OREGANO
SALZ
FRISCH GEMAHLENER PFEFFER

FÜR DEN BELAG:
1 DOSE (180 g) ARTISCHOCKENBÖDEN
1 TOMATE
1 DOSE (175 g) CHAMPIGNONS
JE ½ KLEINE, ROTE UND GRÜNE PAPRIKASCHOTE
½ GEMÜSEZWIEBEL
100 g THUNFISCH
50 g SALAMI IN WÜRFEL
100 g GERIEBENER EDAMER
125 g MOZZARELLA

1. Für den Teig Mehl in eine Schüssel sieben, in die Mitte eine Vertiefung eindrücken. Hefe hineinbröckeln und mit Zucker und etwas von dem Wasser verrühren. Etwa 10 Minuten gehen lassen.

2. Das restliche Wasser, Salz und Öl hinzufügen und alle Zutaten mit Handrührgerät mit Knethaken zunächst auf niedrigster, dann auf höchster Stufe zu einem glatten Teig verarbeiten. Den Teig an einem warmen Ort so lange gehen lassen, bis er sich sichtbar vergrößert hat.

3. Für die Sauce Zwiebel und Knoblauch abziehen, fein würfeln und in erhitztem Öl andünsten. Tomatenmark, pürierte Tomaten und Gewürze hinzufügen und zu einer Sauce einkochen lassen. Die Sauce abkühlen lassen.

4. Hefeteig aus der Schüssel nehmen und nochmals kurz durchkneten, Teig rund ausrollen und die Teigplatte auf ein gefettetes Backblech legen. Tomatensauce auf den Teig streichen.

5. Für den Belag Artischocken abtropfen lassen, Tomate waschen, Stängelansatz entfernen und in Scheiben schneiden. Champignons abtropfen lassen und in Scheiben schneiden.

6. Paprika entstielen, entkernen, die weißen Scheidewände entfernen, waschen und in feine Streifen schneiden. Zwiebel abziehen und in Streifen schneiden.

7. ¼ der Pizza mit Tomatenscheiben und Artischocken, ¼ mit Champignonscheiben und Paprikastreifen, ¼ mit Zwiebel und Thunfisch und ¼ mit Salami belegen. Die Pizza mit Oregano, Salz und Pfeffer bestreuen. Die Käsesorten beliebig darauf verteilen.

Ober-/Unterhitze: 200–220 °C (vorgeheizt), **Heißluft:** 180–200 °C (vorgeheizt), **Gas:** etwa Stufe 4 (vorgeheizt), **Backzeit:** etwa 25 Minuten.

DIE ZUTATEN:

FÜR DEN HEFETEIG:
400 g WEIZENMEHL
(TYPE 405 ODER 550)
220 ml LAUWARMES WASSER
1 WÜRFEL (42 g) FRISCHE HEFE
2 EL OLIVENÖL
2 TL SALZ

FÜR DIE SAUCE:
2 ZWIEBELN
2 KNOBLAUCHZEHEN
2 EL OLIVENÖL
200 g PASSIERTE TOMATEN (FERTIGPRODUKT)
2 EL TOMATENMARK
1 EL GEREBELTER OREGANO
1 TL GEREBELTES BASILIKUM
1 TL SALZ
FRISCH GEMAHLENER PFEFFER

FÜR DEN BELAG:
200 g ARTISCHOCKENHERZEN (AUS DEM GLAS)
2 TOMATEN
120 g CHAMPIGNONS
1 KLEINE ZUCCHINI
50 g SCHWARZE OLIVEN
2 EL ABGETROPFTE KAPERN
125 g MOZZARELLA
80 g GOUDA
70 g GORGONZOLA
1 EL GEREBELTER OREGANO

BASILIKUMBLÄTTCHEN

Pizza vom Blech

1. Für den Teig Mehl in eine Schüssel sieben, in die Mitte eine Vertiefung eindrücken. Etwas Wasser hineingeben und Hefe darin auflösen. Etwa 10 Minuten gehen lassen. Restliches Wasser, Öl und Salz dazugeben und mit Handrührgerät mit Knethaken zunächst auf niedrigster, dann auf höchster Stufe zu einem glatten Teig verkneten. Teig so lange an einem warmen Ort gehen lassen, bis er sich sichtbar vergrößert hat.

2. Für die Sauce Zwiebeln und Knoblauch abziehen und fein würfeln. Öl erhitzen, Zwiebeln und Knoblauch darin andünsten.

3. Tomaten, Tomatenmark, Oregano, Basilikum, Salz und Pfeffer dazugeben, die Sauce aufkochen, dann etwa 5 Minuten bei schwacher Hitze köcheln, abkühlen lassen.

4. Für den Belag Artischockenherzen abtropfen lassen und halbieren. Tomaten waschen, Stängelansätze herausschneiden und Tomaten in Scheiben schneiden.

5. Champignons putzen, mit Küchenpapier abreiben, evtl. abspülen, trockentupfen und in Scheiben schneiden. Zucchini putzen, die Enden abschneiden, Zucchini waschen und in Scheiben schneiden.

6. Teig aus der Schüssel nehmen, nochmals kurz durchkneten und auf einem Backblech (30 x 40 cm, gefettet) ausrollen. Tomatensauce gleichmäßig auf den Teig streichen, das vorbereitete Gemüse, Oliven und Kapern auf der Sauce verteilen.

7. Mozzarella in dünne Scheiben schneiden, Gouda raspeln. Gorgonzola in Würfel schneiden, die Käsesorten über das Gemüse geben und Oregano darüber streuen. Das Backblech in den Backofen schieben.

Ober-/Unterhitze: etwa 220 °C (vorgeheizt)
Heißluft: etwa 200 °C (vorgeheizt)
Gas: Stufe 4–5 (vorgeheizt)
Backzeit: etwa 20 Minuten

8. Die Pizza mit Basilikumblättchen bestreuen.

*Tinni:
Dazu einen leichten italienischen Rotwein servieren.*

DIE ZUTATEN:

FÜR DEN HEFETEIG:
400 g WEIZENMEHL
1 PCK. TROCKENHEFE
1 TL ZUCKER
1 TL SALZ
250 ml LAUWARMES WASSER
3 EL OLIVENÖL

FÜR DEN BELAG:
1–2 ROTE ZWIEBELN
1 DOSE STÜCKIGE TOMATEN (PIZZA-TOMATEN, 400 g)
SALZ, PFEFFER
1 KNOBLAUCHZEHE
500 g GEHACKTES (HALB RIND-, HALB SCHWEINEFLEISCH)
GEMAHLENER KREUZKÜMMEL (CUMIN)
PAPRIKAPULVER ROSENSCHARF
3–4 EL OLIVENÖL
100–150 g EINGELEGTE MILDE, GRÜNE PEPERONI

Minipizzen mit Hackfleisch *(12 Stück)*

1. Für den Hefeteig Mehl in eine Rührschüssel sieben und mit der Hefe gut vermischen. Die restlichen Zutaten hinzufügen und mit Handrührgerät mit Knethaken zunächst auf niedrigster, dann auf höchster Stufe in etwa 5 Minuten zu einem glatten Teig verkneten. Den Teig zugedeckt an einem warmen Ort gehen lassen, bis er sich sichtbar vergrößert hat.

2. Für den Belag Zwiebeln abziehen und in dünne Ringe schneiden. Den gegangenen Hefeteig auf der bemehlten Arbeitsfläche nochmals kurz durchkneten, in 12 gleich große Stücke teilen und zu Kugeln formen. Jede Teigkugel zu einer Platte (Ø 10–12 cm) ausrollen.

3. Die Teigplatten auf 2 mit Backpapier belegte Backbleche legen. Tomatenstücke leicht abtropfen lassen, mit Salz, Pfeffer und abgezogenem, durchgepresstem Knoblauch würzen. Die Tomaten auf den Teigplatten verteilen.

4. Das Gehackte darüber krümeln und Zwiebelringe darauf legen. Die Pizzen mit Salz, Pfeffer, Kreuzkümmel und Paprikapulver würzen.

5. Die Pizzen mit Olivenöl beträufeln. Die Backbleche nacheinander (bei Heißluft zusammen) in den Backofen schieben.

Ober-/Unterhitze: etwa 200 °C (vorgeheizt)
Heißluft: etwa 180 °C (vorgeheizt)
Gas: Stufe 3–4 (vorgeheizt)
Backzeit: 15–20 Minuten je Blech.

6. Die Pizzen mit je 1–2 Peperoni belegen und sofort servieren.

PIZZA-FLADEN *(15 Stück)*

1. Für den Teig Mehl in eine Schüssel geben, in die Mitte eine Vertiefung drücken. Hefe mit Milch und Zucker verrühren und in die Mulde geben. Zugedeckt 20 Minuten gehen lassen.

2. Butter, Salz und Ei zugeben und mit Handrührgerät mit Knethaken zunächst auf niedrigster, dann auf höchster Stufe in etwa 5 Minuten zu einem glatten Teig verarbeiten. Nochmals 20 Minuten gehen lassen.

3. Für den Belag Zwiebeln abziehen und fein hacken. Öl erhitzen und Zwiebelwürfel darin andünsten. Tomaten mit Saft zugeben, 15–20 Minuten bei mittlerer Hitze dicklich einkochen.

4. Paprikaschoten halbieren, entstielen, Kerne und weiße Seitenwände entfernen. Schoten waschen und in schmale Streifen schneiden.

5. Champignons putzen, mit einem feuchten Küchenpapier abreiben, evtl. abspülen, trockentupfen und in dünne Scheiben schneiden.

6. Gemüse zu den Tomaten geben, noch 5 Minuten ziehen lassen.

7. Schinken in feine Streifen oder Würfel schneiden und zugeben. Mit Salz, Pfeffer, Oregano und Basilikum würzen.

8. Den Teig in 15 gleich große Stücke teilen, zu dünnen, länglichen Fladen ausrollen. Auf ein mit Backpapier belegtes Blech geben. Den Belag auf den Fladen verteilen, den Käse darüber streuen und das Backblech in den Backofen schieben.

Ober-/Unterhitze: etwa 200 °C (vorgeheizt), **Heißluft:** etwa 180 °C (vorgeheizt) **Gas:** Stufe 3–4 (vorgeheizt), **Backzeit:** etwa 25 Minuten.

DIE ZUTATEN:

FÜR DEN HEFETEIG:
400 g WEIZENVOLLKORNMEHL
1 WÜRFEL (42 g) FRISCHE HEFE
ETWA 175 ml LAUWARME MILCH
1 TL ZUCKER
50 g ZERLASSENE, ABGEKÜHLTE BUTTER
¼ TL SALZ
1 EI (GRÖSSE M)

FÜR DEN BELAG:
2 ZWIEBELN
1 EL SPEISEÖL
1 DOSE (800 g) TOMATEN
1 ROTE PAPRIKASCHOTE
1 GRÜNE PAPRIKASCHOTE
200 g CHAMPIGNONS
125 g KOCHSCHINKEN
SALZ
FRISCH GEMAHLENER PFEFFER
OREGANO
BASILIKUM
150 g GERASPELTER KÄSE

Tipp:
Die Pizza-Fladen lassen sich sehr gut einfrieren. Dann im Backofen auftauen und erhitzen.

DIE ZUTATEN:

FÜR DEN HEFETEIG:
350 g WEIZENMEHL
1 PCK. TROCKENHEFE
1 TL ZUCKER
1 TL SALZ
3 EL SPEISEÖL
200 ml LAUWARMES WASSER

FÜR DEN BELAG:
8 GANZE CHAMPIGNONS (AUS DER DOSE)
2–3 KLEINE TOMATEN
EINIGE MIT PAPRIKA GEFÜLLTE OLIVEN
4 KLEINE SALAMISCHEIBEN
6–8 EL TOMATENKETCHUP
ETWAS GERASPELTER PIZZA-KÄSE
BASILIKUM

PIZZAGESICHTER (Foto – 8 Stück)

1. Für den Teig Mehl in eine Rührschüssel sieben und mit der Hefe sorgfältig vermischen. Zucker, Salz, Öl und Wasser hinzufügen. Die Zutaten mit Handrührgerät mit Knethaken zunächst auf niedrigster, dann auf höchster Stufe in etwa 5 Minuten zu einem Teig verarbeiten. Den Teig zugedeckt an einem warmen Ort so lange stehen lassen, bis er sich sichtbar vergrößert hat.

2. Den Teig leicht mit Mehl bestäuben, aus der Schüssel nehmen, auf der Arbeitsfläche nochmals kurz durchkneten und 8 kleine Pizzaböden daraus formen.

3. Für den Belag Champignons in einem Sieb abtropfen lassen. Tomaten waschen, abtrocknen, die Stängelansätze herausschneiden und Tomaten in Scheiben schneiden. Oliven in Scheiben schneiden. Salamischeiben evtl. in Form schneiden.

4. Die Pizzaböden auf ein Backblech (mit Backpapier belegt) legen, mit Tomatenketchup bestreichen und so belegen, dass daraus lustige Gesichter entstehen, z. B. gefüllte Olivenscheiben als Augen, halbierte Salamischeiben als lachenden oder weinenden Mund, Champignonköpfe als Knollennase usw. Als Haare oder Bart Käse verwenden.

5. Das Backblech mit den Pizzagesichtern in den Backofen schieben.

Ober-/Unterhitze: etwa 200 °C (vorgeheizt), **Heißluft:** etwa 180 °C (vorgeheizt)
Gas: Stufe 3–4 (vorgeheizt), **Backzeit:** etwa 15 Minuten.

6. Die Pizzagesichter nach Belieben mit Basilikum garnieren.

DIE ZUTATEN:

FÜR DEN HEFETEIG:
300 g WEIZENMEHL
1 PCK. TROCKENHEFE
½ TL ZUCKER
1 TL SALZ
3 EL SPEISEÖL
125 ml (⅛ l) LAUWARMES WASSER

FÜR DEN BELAG:
400 g ENTHÄUTETE TOMATEN
250 g MOZZARELLA
SALZ, PFEFFER
12 BLATT BASILIKUM
50 g PARMESAN
3 EL OLIVENÖL

PIZZA MARGHERITA

1. Für den Teig Mehl in eine Rührschüssel sieben, mit Hefe sorgfältig vermischen. Zucker, Salz, Öl und Wasser hinzufügen. Alle Zutaten mit Handrührgerät mit Knethaken zuerst auf der niedrigsten, dann auf der höchsten Stufe in 5 Minuten zu einem Teig verkneten.

2. Den Teig an einem warmen Ort so lange stehen lassen, bis er sich sichtbar vergrößert hat.

3. Teig auf einem Backblech (30 x 40 cm, gefettet) ausrollen.

4. Für den Belag Tomaten und Mozzarella in Scheiben schneiden, auf den Teig legen, salzen und pfeffern. Basilikumblättchen abspülen, trockentupfen, fein hacken, auf der Pizza verteilen, mit geriebenem Parmesan bestreuen und mit Öl beträufeln.

5. Das Backblech in den Backofen schieben.

Ober-/Unterhitze: etwa 200 °C (vorgeheizt), **Heißluft:** etwa 180 °C (vorgeheizt)
Gas: Stufe 3–4 (vorgeheizt), **Backzeit:** 25–30 Minuten.

SALAMI-PAPRIKA-PIZZA

DIE ZUTATEN:

FÜR DEN HEFETEIG:
300 g WEIZENMEHL
1 PCK. TROCKENHEFE
1 TL ZUCKER
1 GESTR. TL SALZ
2 EL OLIVENÖL
KNAPP 200 ml LAUWARMES WASSER

FÜR DEN BELAG:
1 DOSE TOMATENMARK (70 g)
3 EL WASSER
SALZ, PFEFFER
1 KNOBLAUCHZEHE
OREGANO
1 GROSSE GRÜNE PAPRIKA-SCHOTE (250 g)
3–4 TOMATEN
100 g SALAMISCHEIBEN
2 GROSSE ZWIEBELN
1–2 EL SPEISEÖL
125 g MOZZARELLA

1. Für den Teig Mehl in eine Rührschüssel sieben, mit Hefe sorgfältig vermischen. Zucker, Salz, Öl und Wasser hinzufügen. Alle Zutaten mit Handrührgerät mit Knethaken zuerst auf der niedrigsten, dann auf der höchsten Stufe in 5 Minuten zu einem Teig verkneten.

2. Den Teig an einem warmen Ort so lange stehen lassen, bis er sich sichtbar vergrößert hat.

3. Für den Belag Tomatenmark mit Wasser streichfähig rühren, mit Salz, Pfeffer, der abgezogenen, durchgepressten Knoblauchzehe und Oregano würzen. Paprika vierteln, entstielen, entkernen, die weißen Scheidewände entfernen, Schote waschen und in kleine Stücke schneiden. Tomaten waschen, Stängelansätze herausschneiden und in Stücke schneiden. Salami ebenfalls in Stücke schneiden. Zwiebeln abziehen, in Ringe schneiden und in erhitztem Öl 2–3 Minuten dünsten lassen. Mozzarella in Würfel schneiden.

4. Den Teig nochmals durchkneten, halbieren, 2 Pizzen (Ø etwa 30 cm) ausrollen und auf mit Backpapier belegte Backbleche legen. Die Tomatenmarkmasse darauf streichen, mit Salami, Tomaten, Paprika, Zwiebelringen und Mozzarellawürfeln belegen und mit Pfeffer und Oregano bestreuen.

5. Die Bleche bei Heißluft zusammen, sonst einzeln in den Backofen schieben.

Ober-/Unterhitze: etwa 200 °C (vorgeheizt)
Heißluft: etwa 180 °C (vorgeheizt)
Gas: Stufe 3–4 (vorgeheizt)
Backzeit: 20–25 Minuten.

Geflügelpizza

1. Für den Teig Mehl in eine Schüssel sieben. Hefe sorgfältig unterrühren, Öl, Salz und Wasser hinzufügen. Alles mit Handrührgerät mit Knethaken zunächst auf der niedrigsten, dann auf der höchsten Stufe in etwa 5 Minuten zu einem Teig verarbeiten. Sollte er kleben, noch etwas Mehl hinzufügen (aber nicht zuviel, Teig muss weich bleiben).

2. Den Teig an einem warmen Ort so lange gehen lassen, bis er sich sichtbar vergrößert hat und ihn nochmals durchkneten. Den Teig zu einem Quadrat von 30 x 30 cm ausrollen und auf ein gefettetes Backblech legen.

3. Für den Belag Sellerie und Porree putzen, waschen, von dem Sellerie die harten Außenfäden abziehen und beides in Scheiben schneiden.

4. Paprika halbieren, entstielen, entkernen, die weißen Scheidewände entfernen, waschen und in dünne Streifen schneiden. Zwiebel und Knoblauch abziehen und fein würfeln.

5. Öl erhitzen, das Gemüse, Zwiebel und Knoblauch etwa 5 Minuten darin dünsten, mit Salz, Pfeffer und Kräutern der Provence würzen und abkühlen lassen.

6. Hähnchenbrustfilet unter fließendem kalten Wasser abspülen, trockentupfen, in dünne Streifen schneiden und mit Salz und Pfeffer bestreuen. Öl erhitzen und die Fleischstreifen unter häufigem Wenden darin etwa 3 Minuten braten lassen. Sojasauce darüber geben, gut verrühren und abkühlen lassen.

7. Den Teig mit Tomatenmark bestreichen und das Gemüse darauf geben. Tomaten waschen, Stängelansätze entfernen, in Scheiben schneiden und darauf verteilen. Die Fleischstreifen darüber geben.

8. Gouda raspeln, über den Belag streuen, mit Kräutern der Provence bestreuen und mit Öl beträufeln. Nochmals kurz gehen lassen, dann backen.

Ober-/Unterhitze: 200–220 °C (vorgeheizt)
Heißluft: 180–200 °C (vorgeheizt)
Gas: etwa Stufe 4 (vorgeheizt)
Backzeit: etwa 25 Minuten.

DIE ZUTATEN:

FÜR DEN HEFETEIG:
300 g WEIZENMEHL
1 PCK. TROCKENHEFE
2 EL SPEISEÖL
1 GESTR. TL SALZ
150 ml LAUWARMES WASSER

FÜR DEN BELAG:
4 STANGEN STAUDEN-SELLERIE (ETWA 200 g)
1 STANGE PORREE (LAUCH, ETWA 200 g)
1 ROTE PAPRIKASCHOTE (ETWA 200 g)
1 ZWIEBEL
1 KNOBLAUCHZEHE
3 EL SPEISEÖL
SALZ, PFEFFER
KRÄUTER DER PROVENCE
400 g HÄHNCHENBRUSTFILET
3 EL SPEISEÖL
2 EL SOJASAUCE
3 EL TOMATENMARK
4 TOMATEN
100–150 g MITTELALTER GOUDA
OLIVENÖL

DIE ZUTATEN:

FÜR DEN HEFETEIG:
300 g WEIZENMEHL
1 PCK. TROCKENHEFE
1 GESTR. TL SALZ
4 EL SPEISEÖL
150 ml LAUWARMES WASSER

FÜR DIE SAUCE:
1 DOSE TOMATEN (850 g)
1 ABGEZOGENE, DURCHGE-PRESSTE KNOBLAUCHZEHE
1 TL SALZ
FRISCH GEMAHLENER PFEFFER
OREGANO, BASILIKUM, ROSMARIN

PIZZA-VARIATIONEN *(2 Stück)*

1. Für den Teig Mehl in eine Rührschüssel sieben, mit Hefe sorgfältig vermischen. Die restlichen Zutaten hinzufügen, mit Handrührgerät mit Knethaken zunächst auf niedrigster, dann auf höchster Stufe in etwa 5 Minuten zu einem Teig verarbeiten.

2. Den Teig zugedeckt so lange an einem warmen Ort stehen lassen, bis er sich sichtbar vergrößert hat (etwa 20 Minuten).

3. Den Teig leicht mit Mehl bestäuben, aus der Schüssel nehmen, auf der Arbeitsfläche nochmals kurz durchkneten, entweder 2 runde Platten (Ø 30 cm) ausrollen, auf ein mit Backpapier belegtes Backblech legen oder den ganzen Teig auf einem gefetteten Backblech ausrollen.

4. Für die Sauce die Zutaten miteinander verrühren, mit den Gewürzen abschmecken, zu eine dicklichen Sauce einkochen, abkühlen lassen.

5. Den Teig mit der Sauce bestreichen und mit einer der 6 Variationen belegen – die Mengenangaben einer Variation reichen für eine runde Pizza. Die Zutaten auf dem bestrichenen Teigboden verteilen, nochmals gehen lassen, backen.

Ober-/Unterhitze: 200–220 °C (vorgeheizt)
Heißluft: 180–200 °C (vorgeheizt)
Gas: Stufe 3–4 (vorgeheizt)
Backzeit: 20–30 Minuten.

FÜR DIE VARIATION FISCH „KLASSISCH":
2 TOMATEN
150 g THUNFISCH (AUS DER DOSE)
½ GEMÜSEZWIEBEL IN SCHEIBEN
30 g GEFÜLLTE, GRÜNE OLIVEN
125 g GERASPELTER GOUDA

FÜR DIE VARIATION „PUR":
1 STAUDE BROCCOLI (500 g), IN RÖSCHEN GETEILT, 3 MINUTEN BLANCHIERT
2 TOMATEN
150 g BEL PAESE (ITALIE-NISCHER WEICHKÄSE), IN KLEINEN STÜCKEN
50 g SCHWARZE OLIVEN

FÜR DIE VARIATION „KLASSISCH":
2 TOMATEN
50 g ITALIENISCHE SALAMISCHEIBEN
180 g ARTISCHOCKEN-HERZEN (AUS DER DOSE), GEVIERTELT
230 g CHAMPIGNON-SCHEIBEN (AUS DEM GLAS)
125 g GERIEBENER GOUDA

FÜR DIE VARIATION GEMÜSE „EDEL":
100 g GERIEBENER GOUDA
2 TOMATEN
300 g GRÜNER SPARGEL, GEDÜNSTET
50 g PARMASCHINKEN
50 g AUSTERNPILZE, IN STÜCKEN, KURZ IN BUTTER ANGEBRATEN
20 g GERIEBENER GOUDA

FÜR DIE VARIATION „FRUCHTIG":
50 g GERIEBENER GOUDA
2 TOMATEN
70 g TK-ERBSEN
235 g (ABTROPFGEWICHT) PFIRSICHE (AUS DER DOSE), IN SPALTEN
EINIGE KAISER-KIRSCHEN (AUS DEM GLAS)
175 g GERÄUCHERTE PUTENBRUST, IN STREIFEN GESCHNITTEN
50 g GERIEBENER GOUDA

FÜR DIE VARIATION „EDEL":
50 g GERIEBENER GOUDA
50 g GERIEBENER PARMESAN (BEIDE KÄSESORTEN MISCHEN, DIE HÄLFTE DAVON AUF DIE SAUCE GEBEN)
2 TOMATEN
100 g KRABBEN
150–200 g TK-BLATT-SPINAT, IN BUTTER 3–5 MINUTEN GEDÜNSTET
RÜHREI (AUS 2 EIERN UND 1 EL MILCH)
RESTLICHE KÄSE-MISCHUNG (S. O.)

Pizza Salami

DIE ZUTATEN:

FÜR DEN TEIG:
250 g WEIZENMEHL
2 TL BACKPULVER
1 TL SALZ
50 g WEICHE BUTTER
75 g GERIEBENER, MITTELALTER GOUDA
125 ml (⅛ l) LAUWARMES WASSER

FÜR DEN BELAG:
2 EL TOMATENKETCHUP
1 EL TOMATENMARK
100 g SALAMI, IN SCHEIBEN
200 g CHAMPIGNONS, IN SCHEIBEN
SALZ
FRISCH GEMAHLENER PFEFFER
GEREBELTER OREGANO
125 g GERIEBENER GOUDA

1. Für den Teig Mehl und Backpulver in eine Rührschüssel sieben, restliche Zutaten hinzufügen und mit Handrührgerät mit Knethaken gut durcharbeiten. Anschließend auf der Arbeitsfläche zu einem glatten Teig verarbeiten.

2. Den Teig rund ausrollen, so dass er noch auf ein Backblech passt, die Teigplatte auf ein gefettetes Backblech legen.

3. Für den Belag Tomatenketchup und -mark verrühren und auf den Teig streichen.

4. Salami- und Champignonscheiben darauf geben, erst mit den Gewürzen, dann mit Käse bestreuen. Das Backblech in den Backofen schieben.

Ober-/Unterhitze: etwa 200 °C (vorgeheizt)
Heißluft: etwa 180 °C (vorgeheizt)
Gas: Stufe 3–4 (vorgeheizt)
Backzeit: 20–25 Minuten.

Beilage: Tomatensalat.

Muschelpizza

DIE ZUTATEN:

FÜR DEN HEFETEIG:
300 g WEIZENMEHL
1 PCK. TROCKENHEFE
4 EL SPEISEÖL
1 GESTR. TL SALZ
ETWA 150 ml WASSER

FÜR DEN BELAG:
250 g CHAMPIGNONS
(AUS DER DOSE)
2 DOSEN (JE ETWA 180 g)
SPANISCHE MUSCHELN
200 g GEKOCHTER
SCHINKEN
4 ENTHÄUTETE TOMATEN
10 SPANISCHE OLIVEN,
MIT PAPRIKA GEFÜLLT
250 g EDAMER
5 KLEINE, ROTE PFEFFER-
SCHOTEN (AUS DEM GLAS)
½ EL GRÜNE, EINGELEGTE
PFEFFERKÖRNER
GEREBELTER OREGANO
GEREBELTES BASILIKUM
GEREBELTER SALBEI
GEREBELTER ROSMARIN
4 EL OLIVENÖL

1. Für den Teig Mehl in eine Schüssel sieben und mit Hefe sorgfältig vermischen. Öl, Salz und lauwarmes Wasser hinzufügen, mit Handrührgerät mit Knethaken zuerst auf niedrigster, dann auf höchster Stufe in etwa 5 Minuten zu einem Teig verarbeiten.

2. Den Teig an einem warmen Ort so lange gehen lassen, bis er sich sichtbar vergrößert hat, ihn dann nochmals gut durchkneten.

3. Den Teig halbieren, jede Teighälfte zu einer runden Platte (Ø etwa 20 cm) ausrollen und auf ein gefettetes Backblech legen.

4. Für den Belag Champignons abtropfen lassen und halbieren. Muscheln abtropfen lassen. Schinken, Tomaten, Oliven in Scheiben oder Stücke schneiden. Käse in Würfel schneiden. Pfefferschoten abtropfen lassen, entkernen und in Ringe schneiden.

5. Die Zutaten auf den beiden Pizzaböden verteilen, mit Pfefferkörnern, Oregano, Basilikum, Salbei und Rosmarin bestreuen, mit Öl beträufeln und das Backblech in den Backofen schieben.

Ober-/Unterhitze: etwa 200 °C (vorgeheizt)
Heißluft: etwa 180 °C (vorgeheizt)
Gas: Stufe 3–4 (vorgeheizt)
Backzeit: etwa 20 Minuten.

Artischocken- und Salami-Schinken-Pizza

DIE ZUTATEN:

FÜR DEN HEFETEIG:
300 g WEIZENMEHL
1 PCK. TROCKENHEFE
1 TL ZUCKER
1 GESTR. TL SALZ
4 EL SPEISEÖL
KNAPP 200 ml LAUWARMES WASSER

FÜR DEN BELAG:
1 DOSE PIZZATOMATEN (400 g EINWAAGE)
SALZ, PFEFFER, OREGANO
1 GLAS (ABTROPFGEWICHT 315 g) CHAMPIGNON-SCHEIBEN
8 SCHEIBEN SALAMI ODER 3 SCHEIBEN GEKOCHTER SCHINKEN
1 GLAS (ABTROPFGEWICHT 240 g) ARTISCHOCKEN-HERZEN
2 BEUTEL (JE 100 g) GERASPELTER PIZZA-KÄSE

1. Für den Teig Mehl in eine Schüssel sieben. Hefe sorgfältig unterrühren, Zucker, Salz, Öl und Wasser hinzufügen. Alles mit Handrührgerät mit Knethaken zunächst auf niedrigster, dann auf höchster Stufe in etwa 5 Minuten zu einem Teig verarbeiten. Sollte er kleben, noch etwas Mehl hinzufügen (aber nicht zuviel, Teig muss weich bleiben).

2. Den Teig an einem warmen Ort so lange gehen lassen, bis er sich sichtbar vergrößert hat und ihn nochmals durchkneten. Den Teig auf einem Backblech (30 x 40 cm, gefettet) ausrollen.

3. Für den Belag Pizzatomaten mit Salz, Pfeffer und Oregano würzen und auf dem Teig verteilen. Champignonscheiben abtropfen lassen und auf der Tomatensauce verteilen.

4. Salami oder Schinken nach Belieben klein schneiden und auf der einen Hälfte der Pizza verteilen. Artischockenherzen abtropfen lassen, klein schneiden und auf der anderen Pizzahälfte verteilen.

5. Pizza mit Käse bestreuen und das Backblech in den Backofen schieben.

Ober-/Unterhitze: etwa 200 °C (vorgeheizt)
Heißluft: etwa 180 °C (vorgeheizt)
Gas: Stufe 3–4 (vorgeheizt)
Backzeit: etwa 25 Minuten.

*Tipp:
Die Pizza mit gerebeltem Oregano bestreuen und zusätzlich noch mit 4 Tomaten (in Scheiben geschnitten) und 1 grünen Paprika (in Streifen) belegen.*

Pizza „Colorato"

DIE ZUTATEN:

FÜR DEN HEFETEIG:
300 ml MILCH
450 g WEIZENMEHL
1 WÜRFEL (42 g) FRISCHE HEFE
1 TL ZUCKER
1 TL SALZ
3 EL SPEISEÖL

FÜR DEN BELAG:
2 ZUCCHINI (275 g)
4–6 KLEINE STRAUCH-TOMATEN
1 KLEINE GEMÜSEZWIEBEL
4 BEUTEL MOZZARELLA (JE 125 g)
1 BECHER (150 g) CRÈME FRAÎCHE
1 KNOBLAUCHZEHE
SALZ
BUNTER PFEFFER
PAPRIKAPULVER
62,5 g KNOBLAUCH- ODER KRÄUTER-BUTTER
OREGANO

1. Für den Teig Milch lauwarm erhitzen. Mehl in eine Schüssel sieben, in die Mitte eine Vertiefung drücken, Hefe hineinbröckeln, Zucker und die Hälfte der Milch dazugeben und Hefe in der Milch auflösen. Vorteig etwa 20 Minuten gehen lassen.

2. Salz, Öl und restliche Milch vorsichtig dazugießen, Zutaten mit Handrührgerät mit Knethaken in 2–3 Minuten zu einem glatten Teig verarbeiten und zugedeckt an einem warmen Ort so lange gehen lassen, bis er sich sichtbar vergrößert hat.

3. Für den Belag Zucchini waschen, trockentupfen und die Enden abschneiden. Tomaten waschen und zusammen mit den Zucchini in Scheiben schneiden.

4. Zwiebel abziehen und in Ringe schneiden. Mozzarella abtropfen lassen und in Scheiben schneiden.

5. Teig vierteln und zu je einer Pizza (Ø knapp 20 cm) ausrollen, einen Rand ausformen. Crème fraîche mit abgezogener, durchgepresster Knoblauchzehe, Salz, Pfeffer und Paprikapulver abschmecken und die Böden damit bestreichen. Tomaten, Zucchini-, Zwiebel- und Mozzarellascheiben dachziegelartig darauf verteilen, dabei einen Rand lassen. Pizzen mit buntem Pfeffer und Paprikapulver bestreuen. Das Backblech in den Backofen schieben.

Ober-/Unterhitze: 180–200 °C (vorgeheizt)
Heißluft: 160–180 °C (vorgeheizt)
Gas: etwa Stufe 3 (vorgeheizt)
Backzeit: etwa 30 Minuten.

6. Nach etwa ⅔ der Backzeit Knoblauch- oder Kräuter-Butter in dünne Scheiben schneiden, auf den Pizzen verteilen und mit Oregano bestreuen.

Exotische Pizza

1. Für den Teig Mehl in eine Rührschüssel sieben. Die übrigen Zutaten hinzufügen und mit Handrührgerät mit Knethaken zunächst kurz auf niedrigster, dann auf höchster Stufe gut durcharbeiten. Anschließend den Teig auf der Arbeitsfläche zu einem glatten Teig verkneten und 30 Minuten im Kühlschrank ruhen lassen.

2. Für den Belag Schweinefilet unter fließendem kalten Wasser abspülen, trockentupfen, längs halbieren und in feine Scheiben schneiden. Soja-Sauce mit Rohzucker und Pfeffer verrühren und das Fleisch kurze Zeit darin marinieren.

3. Ananas abtropfen lassen und in Viertel schneiden. Tomaten waschen, kurze Zeit in kochendes Wasser legen (nicht kochen lassen), kalt abschrecken, enthäuten, achteln und den Stängelansatz herausschneiden. Chicorée waschen, den Strunk keilförmig ausschneiden und in schmale Ringe schneiden.

4. Tomatenmark mit Wasser zu einer streichfähigen Masse verrühren.

5. Den Teig kurz durchkneten, ausrollen und ein gefettetes Pizzablech (Ø etwa 30 cm) damit auslegen, am Rand etwas hochdrücken. Die Tomatenmasse auf den Teig streichen.

6. Frühlingszwiebeln putzen, waschen, in Ringe schneiden und darüber streuen. Schweinefilet, Ananasstücke und Tomatenachtel darauf verteilen und mit dem Chicorée bestreuen. Käse in Stücke schneiden und darüber verteilen. Das Pizzablech in den Backofen schieben.

Ober-/Unterhitze: etwa 200 °C (vorgeheizt)
Heißluft: etwa 180 °C (vorgeheizt)
Gas: Stufe 3–4 (vorgeheizt)
Backzeit: etwa 30 Minuten.

DIE ZUTATEN:

FÜR DEN KNETTEIG:
250 g WEIZENMEHL
1 EI (GRÖSSE M)
½ TL SALZ
5 EL BUTTERMILCH
100 g KALTE BUTTER

FÜR DEN BELAG:
200 g SCHWEINEFILET
3 EL SOJA-SAUCE
½ TL ROHZUCKER
FRISCH GEMAHLENER PFEFFER
5 ANANASSCHEIBEN (DOSE)
4 KLEINE TOMATEN
1 CHICORÉE
2 EL TOMATENMARK
ETWA 2 EL WASSER
2 FRÜHLINGSZWIEBELN
150 g KÄSE IN DÜNNEN SCHEIBEN (Z. B. MITTELALTER GOUDA ODER EMMENTALER)

DIE ZUTATEN:

FÜR DEN KNETTEIG:
250 g WEIZENMEHL
150 g SCHWEINESCHMALZ
2 TL ZUCKER
1 EIWEISS (GRÖSSE M)
2 EIGELB (GRÖSSE M)
SALZ

OLIVENÖL

FÜR DEN BELAG:
300 g TOMATEN
200 g MOZZARELLA-KÄSE
PFEFFER
10 SARDELLENFILETS (DOSE)
6 KNOBLAUCHZEHEN
50 g GERIEBENER PARMESANKÄSE
GEREBELTER MAJORAN
3 EL OLIVENÖL
KRÄUTERSTRÄUSSCHEN

Pizza San Domenico (Foto)

1. Für den Teig alle Zutaten mit Handrührgerät mit Knethaken zu einem geschmeidigen Teig verkneten und ½ Stunde ruhen lassen. Den Teig halbieren, jede Hälfte zu einer runden Platte ausrollen, auf ein gefettetes Backblech legen und den Rand nach oben drücken. Teig mit etwas Öl bestreichen.

2. Für den Belag Tomaten kurz in kochendes Wasser legen (nicht kochen lassen), in kaltem Wasser abschrecken, enthäuten, die Stängelansätze herausschneiden und Tomaten in Scheiben schneiden. Tomatenscheiben auf dem Teig verteilen.

3. Mozzarella abtropfen lassen und in Scheiben schneiden, auf den Teig legen und mit Pfeffer bestreuen.

4. Sardellenfilets kreuzweise auf den Teig legen. Knoblauchzehen abziehen und in feine Scheiben schneiden. Auf den Pizzen verteilen. Mit Parmesan und Majoran bestreuen und mit Öl beträufeln. Das Backblech in den Backofen schieben.

Ober-/Unterhitze: etwa 200 °C (vorgeheizt)
Heißluft: etwa 180 °C (vorgeheizt)
Gas: Stufe 3–4 (vorgeheizt)
Backzeit: etwa 15 Minuten.

5. Die Pizza vor dem Servieren mit einem Kräutersträußchen garnieren.

DIE ZUTATEN:

FÜR DEN HEFETEIG:
300 g WEIZENMEHL
1 PCK. TROCKENHEFE
175 ml LAUWARMES WASSER
1 EL SPEISEÖL
1 GESTR. TL SALZ

FÜR DEN BELAG:
200–250 g PIZZA-TOMATEN (DOSE)
SALZ, PFEFFER, OREGANO
1 DICKE ZWIEBEL
200 g GEKOCHTER SCHINKEN IN STREIFEN
1 DOSE ANANASSCHEIBEN (ETWA 500 g ABTROPFGEWICHT)
200 g GERASPELTER KÄSE
GLATTE PETERSILIE

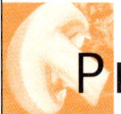

Pizza Hawaii

1. Für den Teig Mehl in eine Rührschüssel sieben und mit Hefe sorgfältig vermischen. Die übrigen Zutaten hinzufügen und mit Handrührgerät mit Knethaken zunächst kurz auf niedrigster, dann auf höchster Stufe in etwa 5 Minuten zu einem Teig verarbeiten. Den Teig abgedeckt so lange an einem warmen Ort stehen lassen, bis er sich sichtbar vergrößert hat.

2. Für den Belag Pizza-Tomaten mit Salz, Pfeffer und Oregano würzen. Zwiebel abziehen und in Ringe schneiden. Ananasscheiben abtropfen lassen.

3. Den gegangenen Hefeteig nochmals kurz durchkneten und auf einem gefetteten Backblech ausrollen. Den Teig mit den Tomaten bestreichen und mit den Zutaten der Reihenfolge nach belegen. Den Käse über die Zutaten streuen. Das Backblech in den Backofen schieben.

Ober-/Unterhitze: 200–220 °C (vorgeheizt)
Heißluft: 180–200 °C (vorgeheizt)
Gas: etwa Stufe 4 (vorgeheizt)
Backzeit: etwa 20 Minuten.

4. Die Pizza mit Petersilie garnieren.

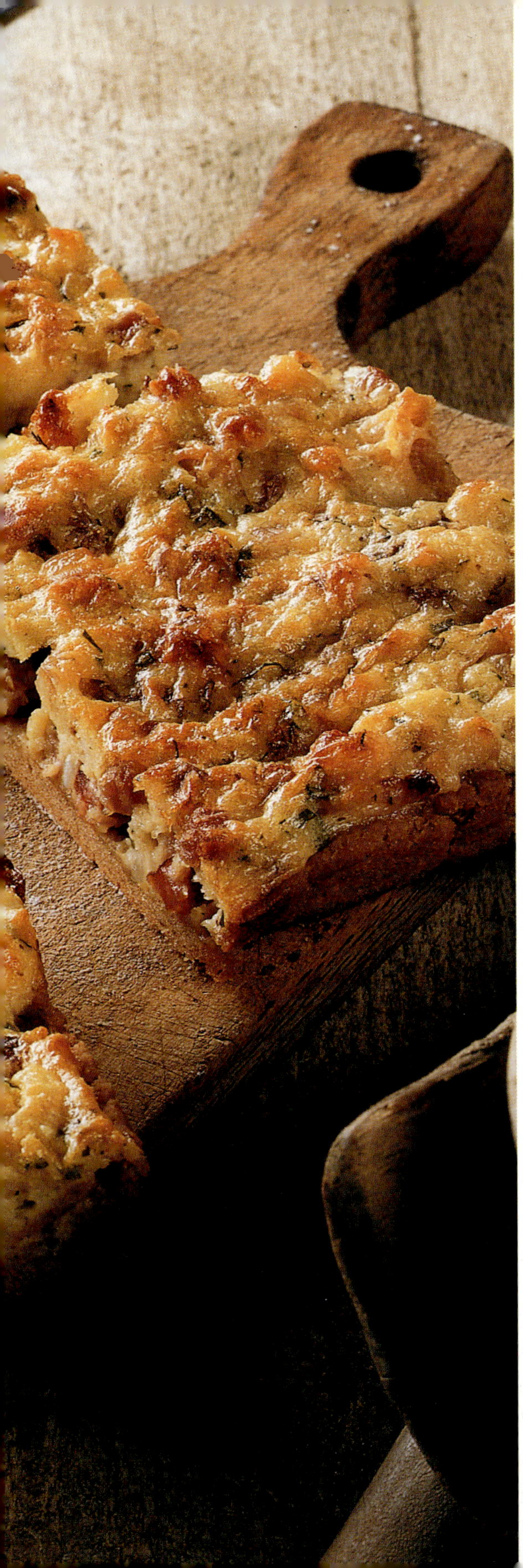

GEMÜSE-KUCHEN

Gemüse-
kuchen

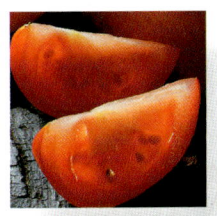

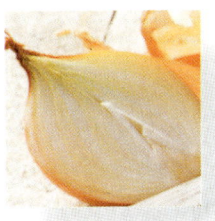

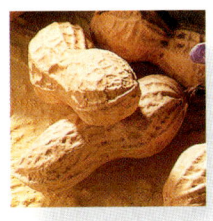

*Hessischer Speckkuchen,
Rezept Seite 38*

DIE ZUTATEN:

FÜR DEN HEFETEIG:
250 g ROGGENMEHL
125 g WEIZENMEHL
1 PCK. TROCKENHEFE
1 TL ZUCKER
1 GESTR. TL SALZ
4 EL SPEISEÖL
250 ml (¼ l) LAUWARMES WASSER

FÜR DEN BELAG:
4 BRÖTCHEN (SEMMELN)
250 g MAGERQUARK
2 BECHER (JE 150 g) CRÈME FRAÎCHE
3 EIGELB (GRÖSSE M)
1 TL KÜMMELSAMEN
3 EL GEHACKTE KRÄUTER
SALZ, PFEFFER
625 g MAGERER, DURCHWACHSENER SPECK
3 EIWEISS (GRÖSSE M)

Hessischer Speckkuchen
(Foto Seite 36/37)

1. Für den Teig beide Mehlsorten in eine Schüssel sieben, mit Hefe sorgfältig vermischen, Zucker, Salz, Öl und Wasser hinzufügen und alles mit Handrührgerät mit Knethaken zunächst auf der niedrigsten, dann auf der höchsten Stufe in etwa 5 Minuten zu einem Teig verarbeiten.

2. Sollte er kleben, noch etwas Mehl hinzufügen (aber nicht zu viel, Teig muss weich bleiben). Den Teig an einem warmen Ort so lange gehen lassen, bis er sich sichtbar vergrößert hat, ihn dann auf der Arbeitsfläche nochmals gut durchkneten und auf einem gefetteten Backblech ausrollen.

3. Für den Belag Brötchen in kaltem Wasser einweichen, gut ausdrücken, mit Quark, Crème fraîche, Eigelb, Kümmel und Kräutern verrühren, mit Salz und Pfeffer würzen.

4. Speck in Würfel schneiden und unterrühren. Eiweiß steif schlagen und unterheben.

5. Den Belag gleichmäßig auf dem Teig verteilen und vor den Teig ein mehrfach umgeknicktes Stück Alufolie legen. Den Teig nochmals so lange an einem warmen Ort gehen lassen, bis er sich sichtbar vergrößert hat, erst dann in den Backofen schieben.

Ober-/Unterhitze: 200–220 °C (vorgeheizt)
Heißluft: 180–200 °C (vorgeheizt)
Gas: etwa Stufe 4 (vorgeheizt)
Backzeit: 30–35 Minuten.

DIE ZUTATEN:

FÜR DEN KNETTEIG:
250 g WEIZENMEHL
1 GESTR. TL BACKPULVER
80 g WEICHE BUTTER
50 g MAGERQUARK
1 EI (GRÖSSE M)
SALZ, PFEFFER
PAPRIKAPULVER EDELSÜSS

Lachs-Lauch-Kuchen
(Foto rechts)

1. Für den Knetteig Mehl mit Backpulver in eine Rührschüssel sieben. Butter, Quark, Ei und Gewürze zugeben und mit Handrührgerät mit Knethaken gut durcharbeiten. Anschließend auf der Arbeitsfläche zu einem glatten Teig verkneten. Sollte er kleben, ihn eine Zeit lang kalt stellen.

2. Knapp ⅔ des Teiges auf der bemehlten Arbeitsfläche zu einer runden Platte (Ø 28 cm) ausrollen und auf den Boden einer Quicheform (Ø 28 cm) legen. Den Boden mehrmals mit einer Gabel einstechen und die Form auf dem Rost in den Backofen schieben.

Ober-/Unterhitze: 180–200 °C (vorgeheizt)
Heißluft: 160–180 °C (vorgeheizt)
Gas: etwa Stufe 3 (vorgeheizt)
Backzeit: 10–15 Minuten.

3. Boden in der Form auf einem Kuchenrost erkalten lassen. Aus dem restlichen Teig eine Rolle formen, auf den Boden legen und am Rand der Form hochdrücken.

4. Für den Belag Porree putzen, der Länge nach einschneiden und waschen. Porree in 2 ½ cm dicke Stücke schneiden, etwa 3 Minuten in kochendem Wasser blanchieren und auf einem Sieb erkalten lassen. Tomaten waschen, halbieren, entstielen und achteln. Porree und Tomatenachtel in der Form verteilen.

5. Lachs in 1 cm breite Streifen schneiden und zwischen das Gemüse legen.

6. Crème fraîche, Eier und Dill verrühren und mit Salz und Pfeffer abschmecken. Guss über Gemüse und Lachs verteilen. Die Form auf dem Rost in den Backofen schieben.

Ober-/Unterhitze: 180–200 °C (vorgeheizt), **Heißluft:** 160–180 °C (nicht vorgeheizt) **Gas:** etwa Stufe 3 (nicht vorgeheizt), **Backzeit:** etwa 45 Minuten.

7. Lachs-Lauch-Kuchen mit Dill garnieren und sofort servieren.

FÜR DEN BELAG:
500 g PORREE (LAUCH)
250 g TOMATEN
100 g RÄUCHERLACHS
2 BECHER (JE 150 g) CRÈME FRAÎCHE
3 EIER (GRÖSSE M)
1–2 TL FEIN GEHACKTER DILL
SALZ
FRISCH GEMAHLENER PFEFFER
DILL

DIE ZUTATEN:

300 g TK-BLÄTTERTEIG

1 kg ROSENKOHL
SALZ
200 g KASSELER
1–2 BUND GLATTE
PETERSILIE
3 EIER (GRÖSSE M)
250 ml (¼ l) MILCH
125 ml (⅛ l) SCHLAG-
SAHNE
FRISCH GEMAHLENER
PFEFFER
GERIEBENE MUSKATNUSS
150 g ALLGÄUER
EMMENTALER, GERIEBEN

MEHL ZUM AUSROLLEN

ROSENKOHLTORTE

1. Den Blätterteig abgedeckt bei Zimmertemperatur auftauen lassen.

2. Rosenkohl putzen, am Strunk kreuzförmig einschneiden, waschen, große Rosenkohlköpfe halbieren, in Salzwasser etwa 6 Minuten blanchieren und abtropfen lassen. Kasseler in Würfel schneiden, Petersilie abspülen, trockentupfen, einige Blättchen zurücklassen und die restlichen Blättchen hacken.

3. Blätterteig ausrollen und eine mit kaltem Wasser ausgespülte Springform (Ø 26 cm) damit auslegen. Die überstehenden Teigränder wegschneiden.

4. Eier verquirlen, Milch und Sahne dazugießen, Petersilie unterrühren und mit Salz, Pfeffer und Muskat kräftig würzen. Rosenkohl und Kasseler in der Form verteilen, Eiermilch darüber gießen und mit dem geriebenen Käse bestreuen. Die Form auf dem Rost in den Backofen schieben.

Ober-/Unterhitze: etwa 200 °C (vorgeheizt)
Heißluft: etwa 180 °C (nicht vorgeheizt)
Gas: Stufe 3–4 (nicht vorgeheizt)
Backzeit: 45–50 Minuten.

5. Die Rosenkohltorte mit Petersilienblättchen garniert servieren.

Tomaten-Broccoli-Kuchen

DIE ZUTATEN:

FÜR DEN KNETTEIG:
250 g WEIZENMEHL
1 GESTR. TL BACKPULVER
80 g WEICHE BUTTER
50 g MAGERQUARK
1 EI (GRÖSSE M)
SALZ
FRISCH GEMAHLENER PFEFFER
PAPRIKAPULVER EDELSÜSS

FÜR DEN BELAG:
1 ZUCCHINI (ETWA 200 g)
1 STANGE PORREE (LAUCH, 200 g)
200 g MÖHREN
300 g TK-BROCCOLI
KOCHENDES SALZWASSER
4 KLEINE TOMATEN
FRISCH GEMAHLENER PFEFFER
GEREBELTE ITALIENISCHE KRÄUTER
200 g MITTELALTER GERIEBENER GOUDA ODER EMMENTALER
1 BECHER (150 g) CRÈME FRAÎCHE
2 EIER (GRÖSSE M)
1 TL SCHARFER SENF
1 EL GEHACKTE KRÄUTER
SALZ
GERIEBENE MUSKATNUSS

1. Für den Teig Mehl mit Backpulver in eine Rührschüssel sieben, Butter, Quark, Ei und Gewürze zugeben und mit Handrührgerät mit Knethaken gut durcharbeiten. Anschließend auf der Arbeitsfläche zu einem glatten Teig verkneten. Sollte er kleben, ihn eine Zeit lang kalt stellen.

2. Für den Belag Zucchini waschen, die Enden abschneiden und Zucchini in Scheiben schneiden. Porree putzen, in etwa 1 cm breite Streifen schneiden, waschen. Möhren putzen, schälen, waschen, klein schneiden. Das Gemüse nacheinander in kochendes Salzwasser geben, 2–5 Minuten kochen lassen, auf ein Sieb geben, mit kaltem Wasser übergießen und abtropfen lassen.

3. Tomaten kurze Zeit in kochendes Wasser legen (nicht kochen lassen), kalt abschrecken, enthäuten, die Stängelansätze herausschneiden. Das Gemüse erkalten lassen.

4. Den Teig ausrollen, in eine gefettete Tarteform (Ø 28 cm) geben, einen Rand von 2–3 cm hochdrücken. Das Gemüse auf dem Teigboden verteilen. Mit Pfeffer und italienischen Kräutern bestreuen. Käse in Würfel schneiden, über das Gemüse geben.

5. Crème fraîche mit Eiern, Senf und Kräutern verrühren, mit Salz und Muskat würzen und über den Belag gießen. Die Form auf dem Rost in den Backofen schieben.

Ober-/Unterhitze: 180–200 °C (vorgeheizt)
Heißluft: 160–180 °C (nicht vorgeheizt)
Gas: etwa Stufe 3 (nicht vorgeheizt)
Backzeit: etwa 40 Minuten.

DIE ZUTATEN:

FÜR DEN HEFETEIG:
250 g WEIZENMEHL
(TYPE 550)
½ PCK. (21 g) FRISCHE
HEFE
1 GESTR. TL SALZ
125 ml (⅛ l) LAUWARMES
WASSER
1 TL FLÜSSIGER HONIG
10 EL SPEISEÖL

FÜR DEN BELAG:
250 g PORREE (LAUCH)
1 MSP. GETROCKNETER
THYMIAN
2 EL SPEISEÖL
SALZ
FRISCH GEMAHLENER
PFEFFER
250 g SCHMAND (24 %)
1 EI (GRÖSSE M)
GERIEBENE MUSKATNUSS
1 PCK. (150 g) BACON
(FRÜHSTÜCKSSPECK) IN
SCHEIBEN

FLADENKUCHEN MIT PORREE

1. Für den Teig Mehl in eine Rührschüssel sieben. In die Mitte eine Vertiefung drücken, Hefe hineinbröckeln, Salz und etwas Wasser hinzufügen und mit einer Gabel vorsichtig verrühren. Etwa 10 Minuten gehen lassen.

2. Honig, Öl und restliches Wasser hinzufügen. Die Zutaten mit Handrührgerät mit Knethaken zunächst auf niedrigster, dann auf höchster Stufe in etwa 5 Minuten zu einem glatten Teig verarbeiten. Den Teig mit Mehl bestäuben und zugedeckt so lange an einem warmen Ort gehen lassen, bis er sich sichtbar vergrößert hat.

3. Für den Belag Porree putzen, der Länge nach aufschneiden und waschen. Porree in halbe Ringe schneiden und mit Thymian in erhitztem Öl etwa 5 Minuten dünsten. Mit Salz und Pfeffer würzen.

4. Schmand und Ei verquirlen, mit Pfeffer und Muskat würzen. Baconscheiben dritteln.

5. Teig aus der Schüssel nehmen und auf der bemehlten Arbeitsfläche nochmals kurz durchkneten. Teigstück zu einem ovalen Fladen (35 x 30 cm) ausrollen und auf ein Backblech (gefettet, mit Backpapier belegt) legen. Teigstück zugedeckt an einem warmen Ort nochmals so lange gehen lassen, bis es sich sichtbar vergrößert hat.

6. Schmand, Porree und Bacon auf dem Teig verteilen. Das Backblech in den Backofen schieben.

Ober-/Unterhitze: etwa 200 °C (vorgeheizt)
Heißluft: etwa 180 °C (vorgeheizt)
Gas: Stufe 3–4 (vorgeheizt)
Backzeit: etwa 30 Minuten.

Tipp:
Den Fladenkuchen mit Blätterteig zubereiten. Dafür 5 quadratische Platten TK-Blätterteig (225 g) auftauen lassen, zu einem Rechteck in gleicher Größe ausrollen. Der Fladenkuchen kann anstatt mit Thymian mit Kümmel gewürzt werden.

DIE ZUTATEN:

FÜR DEN KNETTEIG:
250 g WEIZENMEHL
150 g SCHWEINESCHMALZ
2 TL ZUCKER
1 EIWEISS (GRÖSSE M)
2 EIGELB (GRÖSSE M)
SALZ

FÜR DEN BELAG:
200 g RICOTTA
2–3 EIER (GRÖSSE M)
2 EL GEHACKTE PETER-
SILIE
100 g GERIEBENER
PARMESAN
60 g MOZZARELLA
80 g PROVOLONE
100 g GEKOCHTER
SCHINKEN
FRISCH GEMAHLENER
PFEFFER
SALZ
1 EIGELB
1 EL WASSER

Tipp:
Der Provolone kann durch Mozzarella ersetzt werden.

PIKANTER KUCHEN

1. Für den Teig alle Zutaten mit Handrührgerät mit Knethaken gut durcharbeiten. Der Teig soll fest, aber geschmeidig werden. Zu einer Kugel formen und ½ Stunde ruhen lassen.

2. Für den Belag Ricotta mit einer Gabel zerdrücken und Eier nach und nach darunter arbeiten. Petersilie und Parmesan dazugeben.

3. Mozzarella, Provolone und Schinken in kleine Würfel schneiden. Unter die Käsemasse mischen. Kräftig pfeffern, evtl. salzen.

4. Den Teig halbieren und ausrollen. Eine gefettete Springform (Ø 22 cm) mit dem Teig auslegen und einen Rand hochziehen.

5. Den Belag darauf geben, mit dem restlichen ausgerollten Teig bedecken. Den Teigdeckel und den Rand gut zusammendrücken. Eigelb mit Wasser verquirlen, die Teigdecke damit bestreichen und die Form auf dem Rost in den Backofen schieben.

Ober-/Unterhitze: 180–200 °C (vorgeheizt)
Heißluft: 160–180 °C (nicht vorgeheizt)
Gas: etwa Stufe 3 (nicht vorgeheizt)
Backzeit: etwa 45 Minuten.

6. Der Kuchen kann warm oder kalt gegessen werden.

Rosenkohl-Schinken-Kuchen

DIE ZUTATEN:

FÜR DEN KNETTEIG:
250 g WEIZENMEHL
1 GESTR. TL BACKPULVER
80 g WEICHE BUTTER
50 g MAGERQUARK
1 EI (GRÖSSE M)
SALZ
FRISCH GEMAHLENER PFEFFER
PAPRIKAPULVER

FÜR DEN BELAG:
450 g GEPUTZTER ROSENKOHL
1 ZWIEBEL
100 g SCHINKENSPECK
20 g BUTTER
30 g GERÖSTETE, GESALZENE ERDNÜSSE
1 BECHER (150 g) CRÈME FRAÎCHE
2 EIER (GRÖSSE M)
FRISCH GEMAHLENER PFEFFER
PAPRIKAPULVER
50 g FEIN GERIEBENER EMMENTALER
COCKTAILTOMATEN
ERDNÜSSE
KRÄUTER

1. Für den Teig Mehl mit Backpulver in eine Rührschüssel sieben. Butter, Quark, Ei und Gewürze zugeben und mit Handrührgerät mit Knethaken gut durcharbeiten. Anschließend auf der Arbeitsfläche zu einem glatten Teig verkneten. Sollte er kleben, ihn eine Zeit lang kalt stellen.

2. Knapp ⅔ des Teiges auf der bemehlten Arbeitsfläche zu einer runden Platte (Ø 28 cm) ausrollen und auf den Boden einer Quicheform (Ø 28 cm) legen. Den Boden mehrmals mit einer Gabel einstechen und die Form auf dem Rost in den Backofen schieben.

Ober-/Unterhitze: 180–200 °C (vorgeheizt), **Heißluft:** 160–180 °C (vorgeheizt) **Gas:** etwa Stufe 3 (vorgeheizt), **Backzeit:** 10–15 Minuten.

3. Boden in der Form auf einem Kuchenrost erkalten lassen. Aus dem restlichen Teig eine Rolle formen, auf den Boden legen und am Rand der Form hochdrücken.

4. Für den Belag Rosenkohl in Wasser etwa 3 Minuten kochen, auf einem Sieb erkalten lassen und in die Form geben.

5. Zwiebel abziehen und fein würfeln. Schinkenspeck in feine Streifen schneiden, Butter erhitzen und Zwiebelwürfel und Speckstreifen kurz andünsten. Erdnüsse darunter mengen und auf dem Rosenkohl verteilen.

6. Crème fraîche und Eier verrühren und mit Pfeffer und Paprikapulver abschmecken. Guss über dem Rosenkohl verteilen und mit Käse bestreuen. **Den Rosenkohl-Schinken-Kuchen nochmals bei gleicher Backofentemperatur 45–50 Minuten backen.**

7. Gemüsekuchen mit Cocktailtomaten, Erdnüssen und Kräutern garniert servieren.

DIE ZUTATEN:

FÜR DEN QUARK-ÖL-TEIG:
350 g WEIZENMEHL
2 TL BACKPULVER
1 PRISE SALZ
3 EL SPEISEÖL
6 EL MILCH
250 g MAGERQUARK

FÜR DEN BELAG:
50 g BUTTER ODER MARGARINE
750 g GEHACKTES (HALB RIND-, HALB SCHWEINEFLEISCH)
4 ZWIEBELN
SALZ
FRISCH GEMAHLENER PFEFFER
1 DOSE (480 g) ANANAS
6 TOMATEN

FÜR DIE SAUCE:
1 DOSE (480 g) PASSIERTE TOMATEN
SALZ
PAPRIKA EDELSÜSS
2 EL ANANASSAFT

200 g GOUDA

HACKFLEISCH-ANANAS-KUCHEN

1. Für den Teig Mehl mit Backpulver mischen, in eine Rührschüssel sieben, die restlichen Zutaten hinzufügen und mit Handrührgerät mit Knethaken zu einem geschmeidigen Teig verarbeiten. Den Teig 30 Minuten ruhen lassen.

2. Für den Belag Butter oder Margarine zerlassen, Gehacktes darin anbraten, dabei die Fleischklümpchen mit einer Gabel zerdrücken. Zwiebeln abziehen, würfeln und mitbraten.

3. Die Hackfleisch-Zwiebel-Masse mit Salz und Pfeffer würzen und etwas abkühlen lassen.

4. Den Teig auf einem Backblech (30 x 40 cm, gefettet) ausrollen und die Hackfleischmasse auf dem Teig verteilen.

5. Ananas abtropfen lassen, in Stücke schneiden und auf dem Hackfleisch verteilen. Tomaten waschen, die Stängelansätze herausschneiden, Tomaten in Scheiben schneiden und auf dem Kuchen verteilen, mit Salz und Pfeffer würzen.

6. Für die Sauce passierte Tomaten mit Gewürzen und Ananassaft verrühren, auf Hackfleisch und Ananas verstreichen.

7. Käse reiben und darüber streuen. Das Backblech in den Backofen schieben.

Ober-/Unterhitze: etwa 200 °C (vorgeheizt)
Heißluft: etwa 180 °C (vorgeheizt)
Gas: Stufe 3–4 (vorgeheizt)
Backzeit: etwa 30 Minuten.

Beilage: Gemischter Blattsalat und ein leichter Rotwein.

Tipp: Gehackte Pinienkerne unter die Hackfleischmasse geben.

DIE ZUTATEN:

FÜR DEN TEIG:
225 g WEIZENMEHL
3–4 EL SAURE SAHNE
SALZ
150 g BUTTER ODER MARGARINE

FÜR DEN BELAG:
1 STAUDE MANGOLD (500–600 g)
2–3 EIER (GRÖSSE M)
150 g SAURE SAHNE
100 ml SCHLAGSAHNE
FRISCH GEMAHLENER PFEFFER
GERIEBENE MUSKATNUSS
GEHACKTE PETERSILIE

Pikanter Kuchen mit Mangold

1. Für den Teig Mehl auf die Arbeitsfläche geben, eine Vertiefung eindrücken. Saure Sahne und Salz hineingeben. Butter oder Margarine in Flöckchen auf dem Rand verteilen, alles verkneten, etwa 20 Minuten kühl stellen.

2. Den Teig ausrollen, eine Springform (Ø 28 cm, Boden gefettet) damit belegen, den Rand etwas hochdrücken.

3. Für den Belag Mangold putzen und gut waschen. Stiele der Länge nach halbieren, zusammen mit den Blättern in etwa 1 cm breite Streifen schneiden. Einige Minuten in wenig Wasser dünsten, gut abtropfen und etwas auskühlen lassen, auf dem Teig verteilen.

4. Eier mit saurer und süßer Sahne verquirlen, mit Pfeffer, Salz und Muskat abschmecken, über das Gemüse gießen. Die Form auf dem Rost in den Backofen schieben.

Ober-/Unterhitze: 200–220 °C (vorgeheizt)
Heißluft: 180–200 °C (vorgeheizt)
Gas: etwa Stufe 4 (vorgeheizt)
Backzeit: etwa 30 Minuten.

5. Mit Petersilie bestreut servieren.

Blumenkohl-Broccoli-Kuchen

DIE ZUTATEN:

FÜR DEN KNETTEIG:
250 g WEIZENMEHL
1 GESTR. TL BACKPULVER
80 g WEICHE BUTTER
50 g MAGERQUARK
1 EI (GRÖSSE M)
SALZ
FRISCH GEMAHLENER PFEFFER
PAPRIKAPULVER

FÜR DEN BELAG:
300 g GEPUTZTER BLUMENKOHL
300 g GEPUTZTER BROCCOLI
GEMÜSEBRÜHE
1 KLEINE PAPRIKASCHOTE
1 BECHER (150 g) CRÈME FRAÎCHE
2 EIER (GRÖSSE M)
SALZ
PAPRIKAPULVER
ROTER PFEFFER
1–2 TOMATEN

1. Für den Knetteig Mehl mit Backpulver in eine Rührschüssel sieben. Butter, Quark, Ei und Gewürze zugeben und mit Handrührgerät mit Knethaken gut durcharbeiten. Anschließend auf der Arbeitsfläche zu einem glatten Teig verkneten. Sollte er kleben, ihn eine Zeit lang kalt stellen.

2. Knapp ⅔ des Teiges auf der bemehlten Arbeitsfläche zu einer runden Platte (Ø 28 cm) ausrollen und auf den Boden einer Quicheform (Ø 28 cm) legen. Den Boden mehrmals mit einer Gabel einstechen und die Form auf dem Rost in den Backofen schieben.

Ober-/Unterhitze: 180–200 °C (vorgeheizt), **Heißluft:** 160–180 °C (vorgeheizt)
Gas: etwa Stufe 3 (vorgeheizt), **Backzeit:** 10–15 Minuten.

3. Boden in der Form auf einem Kuchenrost erkalten lassen. Aus dem restlichen Teig eine Rolle formen, auf den Boden legen und am Rand der Form hochdrücken.

4. Für den Belag Blumenkohl und Broccoli waschen, in Röschen teilen, getrennt 3 Minuten in Gemüsebrühe dünsten und auf einem Sieb erkalten lassen.

5. Paprikaschote halbieren, entstielen, entkernen, die weißen Scheidewände entfernen, waschen und in feine Streifen schneiden. Paprikastreifen in der Form verteilen. Eine Hälfte der Quicheform mit halbierten Blumenkohlröschen, die andere Hälfte mit halbierten Broccoliröschen belegen.

6. Crème fraîche und Eier verrühren und mit Salz, Paprikapulver und rotem Pfeffer abschmecken. Guss über dem Gemüse verteilen und mit rotem Pfeffer bestreuen. **Den Blumenkohl-Broccoli-Kuchen nochmals bei gleicher Backofentemperatur 50–60 Minuten backen.**

7. Gemüsekuchen mit rotem Pfeffer und halbierten Tomaten garniert servieren.

HÄHNCHEN-MANGOLD-KUCHEN

DIE ZUTATEN:

FÜR DEN KNETTEIG:
250 G WEIZENMEHL
1 GESTR. TL BACKPULVER
80 G WEICHE BUTTER
50 G MAGERQUARK
1 EI (GRÖSSE M)
SALZ
FRISCH GEMAHLENER PFEFFER
PAPRIKAPULVER

FÜR DEN BELAG:
500 G HÄHNCHENBRUSTFILET
2 EL SPEISEÖL
300 G MANGOLD
1 ZWIEBEL
30 G BUTTER
2 BECHER (JE 150 G) CRÈME FRAÎCHE
3 EIER (GRÖSSE M)
50 G GERIEBENER EMMENTALER
SALZ
GERIEBENE MUSKATNUSS
ROSENPAPRIKA
1 ROTE PAPRIKASCHOTE
1 EL PINIENKERNE

1. Für den Teig Mehl mit Backpulver in eine Rührschüssel sieben. Butter, Quark, Ei und Gewürze zugeben und mit Handrührgerät mit Knethaken gut durcharbeiten. Anschließend auf der Arbeitsfläche zu einem glatten Teig verkneten. Sollte er kleben, ihn eine Zeit lang kalt stellen.

2. Knapp ⅔ des Teiges auf der bemehlten Arbeitsfläche zu einer runden Platte (Ø 28 cm) ausrollen und auf den Boden einer Quicheform (Ø 28 cm) legen. Den Boden mehrmals mit einer Gabel einstechen und die Form auf dem Rost in den Backofen schieben.

Ober-/Unterhitze: 180–200 °C (vorgeheizt)
Heißluft: 160–180 °C (vorgeheizt)
Gas: etwa Stufe 3 (vorgeheizt)
Backzeit: 10–15 Minuten.

3. Boden in der Form auf einem Kuchenrost erkalten lassen. Aus dem restlichen Teig eine Rolle formen, auf den Boden legen und am Rand der Form hochdrücken.

4. Für den Belag Hähnchenbrustfilet unter fließendem kalten Wasser abspülen, trockentupfen und in Würfel (2 x 2 cm) schneiden. Öl erhitzen, das Fleisch etwa 3 Minuten darin anbraten, etwas abkühlen lassen und in der Form verteilen.

5. Mangold putzen, waschen und in 1 cm breite Streifen schneiden. Zwiebel abziehen, würfeln und in der Butter andünsten. Mangoldstreifen hinzufügen und 5 Minuten mitdünsten. Mangold auf einem Sieb abkühlen lassen und auf dem Hähnchenfleisch verteilen.

6. Crème fraîche, Eier und Käse verrühren und mit Salz, Muskat und Rosenpaprika abschmecken. Guss über Fleisch und Mangold verteilen.

7. Paprika waschen, entstielen, entkernen, die weißen Scheidewände entfernen und in Ringe schneiden. Paprikaringe und Pinienkerne auf dem Kuchen verteilen.

Ober-/Unterhitze: 180–200 °C (vorgeheizt)
Heißluft: 160–180 °C (nicht vorgeheizt)
Gas: etwa Stufe 3 (nicht vorgeheizt)
Backzeit: etwa 50 Minuten.

Wirsingkuchen mit Pfifferlingen

DIE ZUTATEN:

300 g TK-BLÄTTERTEIG
750 g WIRSING
1 ZWIEBEL
40 g BUTTER
ERBSEN ZUM BLIND-
BACKEN
200 ml SCHLAGSAHNE
3 EIER (GRÖSSE M)
½ EIGELB
1 EIWEISS
SALZ
FRISCH GEMAHLENER
PFEFFER
GERIEBENE MUSKATNUSS
½ EIGELB
1 EL MILCH

180 g KLEINE PFIFFER-
LINGE
2 EL SCHALOTTENWÜRFEL
2 EL GEHACKTE KRÄUTER
20 g BUTTER
3–4 EL GEMÜSEBRÜHE

1. Blätterteig abgedeckt bei Zimmertemperatur auftauen lassen.

2. Wirsing von schlechten Blättern befreien, vierteln, Strunk herausschneiden, waschen und in Streifen schneiden. Wirsingstreifen in Salzwasser etwa 2 Minuten blanchieren und auf einem Sieb abtropfen lassen. Zwiebel abziehen und würfeln. Butter erhitzen, Zwiebelwürfel und Wirsingstreifen darin andünsten.

3. ⅔ des Blätterteiges übereinanderlegen, ausrollen und eine gefettete Pieform (Ø 26 cm) damit auslegen, Boden mehrmals mit einer Gabel einstechen, mit Backpapier und Erbsen belegen. Die Form auf dem Rost in den Backofen schieben.

Ober-/Unterhitze: etwa 200 °C (vorgeheizt), **Heißluft:** etwa 180 °C (vorgeheizt)
Gas: Stufe 3–4 (vorgeheizt), **Backzeit:** etwa 12 Minuten.

4. Die Form aus dem Backofen nehmen, Backpapier und Erbsen entfernen, Form mit Wirsingstreifen füllen.

5. Sahne mit Eiern, Eigelb und Eiweiß verquirlen, mit Salz, Pfeffer und Muskat kräftig würzen und über den Wirsing gießen. Den restlichen Blätterteig rund (Ø 26 cm) ausrollen, auf die Zutaten legen und am Rand gut andrücken. Eigelb mit Milch verquirlen, die Teigdecke damit bestreichen und mehrmals mit einer Gabel einstechen.

6. Wirsingtorte auf dem Rost in den Backofen schieben und **etwa 40 Minuten bei gleicher Backofentemperatur backen.**

7. Pfifferlinge putzen, mit Küchenpapier abreiben, evtl. abspülen und mit Schalottenwürfeln und Kräutern in Butter anschwitzen. Brühe angießen, etwas einkochen lassen, salzen und pfeffern.

8. Den fertigen Wirsingkuchen in Tortenstücke schneiden, auf Tellern anrichten und mit Pfifferlingen garnieren.

Tomatentörtchen mit Basilikum

DIE ZUTATEN:

150 g TK-BLÄTTERTEIG
12 COCKTAILTOMATEN
50 g GERIEBENER GOUDA
2 EIER (GRÖSSE M)
2 EL CRÈME FRAÎCHE
FRISCH GEMAHLENER PFEFFER
GERIEBENE MUSKATNUSS
1 BUND BASILIKUM

1. Blätterteig zugedeckt bei Zimmertemperatur auftauen lassen.

2. Cocktailtomaten kurze Zeit in kochendes Wasser legen (nicht kochen lassen), in kaltem Wasser abschrecken, enthäuten, die Stängelansätze herausschneiden und Tomaten quer halbieren.

3. Käse mit Eiern verschlagen, Crème fraîche unterrühren und die Masse mit Pfeffer und Muskat würzen.

4. Basilikum abspülen, trockentupfen und die Blättchen von den Stängeln zupfen. Einige Blättchen beiseite legen, die restlichen klein schneiden.

5. Vier Förmchen (Ø 12 cm) mit kaltem Wasser ausspülen.

6. Den Teig messerrückendick ausrollen, in die Förmchen legen, einen Rand hochdrücken. Mit den Basilikumblättchen ausstreuen.

7. Tomatenhälften und Käsemasse darauf verteilen. Die Förmchen auf dem Rost in den Backofen schieben.

Ober-/Unterhitze: etwa 200 °C (vorgeheizt)
Heißluft: etwa 180 °C (vorgeheizt)
Gas: Stufe 3–4 (vorgeheizt)
Backzeit: 20 Minuten.

8. Die Törtchen mit dem restlichen Basilikum garnieren.

DIE ZUTATEN:

FÜR DEN KNETTEIG:
175 g WEIZENMEHL
(TYPE 550)
1 GESTR. TL BACKPULVER
SALZ
1 EL WASSER
100 g BUTTER

FÜR DEN BELAG:
500 g KLEINE TOMATEN
FRISCH GEMAHLENER
PFEFFER
SPEISEWÜRZE
200 g MAASDAMER
2 EIER (GRÖSSE M)
1 BECHER (150 g) CRÈME
FRAÎCHE
GERIEBENE MUSKATNUSS
½ TL GEREBELTER
OREGANO
SEMMELBRÖSEL

Tomatentorte Isabelle

1. Für den Teig Mehl mit Backpulver mischen, in eine Rührschüssel sieben, Salz und Wasser zugeben, Butter in Stücke schneiden, darauf geben und von der Mitte aus alle Zutaten schnell zu einem glatten Teig verkneten. Sollte er kleben, ihn eine Zeit lang kalt stellen.

2. Teig auf dem Boden einer gefetteten Springform (Ø 24 cm) ausrollen, am Rand etwa 2 cm hochdrücken, den Boden mehrmals mit einer Gabel einstechen. Die Form auf dem Rost in den Backofen schieben und vorbacken.

Ober-/Unterhitze: 200–220 °C (vorgeheizt)
Heißluft: 180–200 °C (vorgeheizt)
Gas: etwa Stufe 4 (vorgeheizt)
Backzeit: 12–15 Minuten.

3. Für den Belag Tomaten kurze Zeit in kochendes Wasser legen (nicht kochen lassen), in kaltem Wasser abschrecken, enthäuten, halbieren und Stängelansätze herausschneiden. Tomaten mit der Schnittfläche nach oben auf einen Teller legen, mit Salz, Pfeffer und Speisewürze bestreuen und einige Zeit stehen lassen.

4. Käse raspeln oder in kleine Würfel schneiden, mit Eiern und Crème fraîche verrühren und mit Muskat und Oregano abschmecken.

5. Den vorgebackenen Tortenboden mit Semmelbröseln bestreuen, Tomatenhälften mit der Schnittfläche nach unten darauf legen und die Käsemasse gleichmäßig darauf verteilen. Die Form auf dem Rost in den Backofen schieben und fertig backen.

Ober-/Unterhitze: 200–220 °C (vorgeheizt)
Heißluft: 180–200 °C (vorgeheizt)
Gas: etwa Stufe 4 (vorgeheizt)
Backzeit: 30–35 Minuten.

Tipp: Um zu verhindern, dass der Teigrand beim Backen herunterrutscht, den Boden mit Backpapier und Erbsen füllen. Beides nach dem Vorbacken entfernen.

Quiches & Tartes

*Basilikum-Tomaten-Quiche,
Rezept Seite 58*

DIE ZUTATEN:

FÜR DEN KNETTEIG:
200 g WEIZENMEHL
1 EI (GRÖSSE M)
½ TL SALZ
1–2 EL WASSER
100 g BUTTER
GETROCKNETE ERBSEN
ZUM BLINDBACKEN

FÜR DEN BELAG:
200 g MITTELALTER GOUDA
1 BUND BASILIKUM
150 g COCKTAILTOMATEN

FÜR DEN GUSS:
4 EIER (GRÖSSE M)
200 ml SCHLAGSAHNE
SALZ, PFEFFER

20 g PINIENKERNE

Basilikum-Tomaten-Quiche (Foto Seite 56/57)

1. Für den Teig Mehl in eine Rührschüssel sieben. Ei, Salz, Wasser und Butter hinzufügen. Die Zutaten mit Handrührgerät mit Knethaken gut durcharbeiten. Teig auf einer bemehlten Arbeitsfläche zu einem glatten Teig verkneten und in Frischhaltefolie gewickelt etwa 1 Stunde kalt stellen.

2. Teig zwischen Frischhaltefolie oder auf der bemehlten Arbeitsfläche ausrollen und eine Quicheform (Ø 24 cm, gefettet) damit auskleiden und mit einer Gabel mehrmals einstechen. Teig mit Backpapier abdecken und zum Blindbacken mit Erbsen füllen. Die Form auf dem Rost in den Backofen schieben und vorbacken.

Ober-/Unterhitze: etwa 200 °C (vorgeheizt), **Heißluft:** etwa 180 °C (vorgeheizt)
Gas: Stufe 3–4 (vorgeheizt), **Backzeit:** 10–12 Minuten.

3. Nach dem Backen Erbsen und Backpapier entfernen. Den Backofen eingeschaltet lassen.

4. Für den Belag Käse grob reiben. Basilikum abspülen, trockentupfen, Blättchen abzupfen, fein schneiden und mit dem Käse mischen. Tomaten waschen, halbieren und die Hälfte gleichmäßig auf dem Boden verteilen. Käse-Kräuter-Mischung darauf geben.

5. Für den Guss Eier und Sahne miteinander verrühren, mit Salz und Pfeffer würzen, über den Belag gießen und die restlichen Tomatenhälften darauf verteilen. Die Form wieder auf dem Rost in den Backofen schieben und **bei gleicher Backtemperatur in 30–35 Minuten fertig backen.**

6. Pinienkerne in einer beschichteten Pfanne hellbraun rösten, über die Torte streuen und noch heiß servieren.

DIE ZUTATEN:

FÜR DEN KNETTEIG:
250 g WEIZENMEHL
1 EI (GRÖSSE M)
½ TL SALZ
125 g BUTTER
ERBSEN ZUM BLINDBACKEN

Scampi-Quiche mit Frühlingszwiebeln (Foto Rechts)

1. Für den Teig Mehl in eine Rührschüssel sieben. Ei, Salz und Butter hinzufügen. Die Zutaten mit Handrührgerät mit Knethaken gut durcharbeiten. Teig auf einer bemehlten Arbeitsfläche zu einem glatten Teig verkneten und 30 Minuten kalt stellen.

2. Teig auf Größe einer Quicheform (Ø 30 cm) ausrollen, in die gefettete Form legen, Ränder andrücken, den Boden mehrmals mit einer Gabel einstechen und Backpapier auf den Boden legen. Zum Blindbacken Erbsen einfüllen. Die Form auf dem Rost in den Backofen schieben und vorbacken.

Ober-/Unterhitze: etwa 200 °C (vorgeheizt), **Heißluft:** etwa 180 °C (vorgeheizt)
Gas: Stufe 3–4 (vorgeheizt), **Backzeit:** etwa 15 Minuten.

3. Nach dem Backen Erbsen und Backpapier entfernen, Backofen eingeschaltet lassen.

4. Für den Belag Frühlingszwiebeln putzen, waschen, in Ringe schneiden und 1 Esslöffel beiseite stellen. Eier verquirlen und mit Käse, Schmand, Sahne und Frühlingszwiebeln verrühren. Mit wenig Salz und Pfeffer würzen.

5. Masse auf den Teig geben, die Form auf dem Rost in den Backofen schieben und **weitere 15 Minuten backen.**

6. Die Form herausnehmen, halbierte, entdarmte, abgespülte, trockengetupfte Hummerschwänze (bis auf einen) dekorativ in die Masse drücken und die Form wieder auf dem Rost in den Backofen schieben und in **15 Minuten fertig backen.**

7. Vor dem Servieren mit restlichen Frühlingszwiebeln und klein geschnittenem Hummerkrabbenfleisch garnieren.

FÜR DEN BELAG:
1 BUND FRÜHLINGSZWIEBELN
3 EIER (GRÖSSE M)
200 g GERIEBENER MAASDAMER
200 g SCHMAND
125 ml (⅛ l) SCHLAGSAHNE
SALZ
FRISCH GEMAHLENER PFEFFER
6–8 HUMMERKRABBENSCHWÄNZE, GEKOCHT (ETWA 300 g)

DIE ZUTATEN:

FÜR DEN TEIG:
300 g WEIZENMEHL
SALZ
1 EI (GRÖSSE M)
50 g SAURE SAHNE
125 g BUTTER

FÜR DEN BELAG:
400 g AUSTERNPILZE
20 g BUTTER
2 EL SPEISEÖL
100 g TK-ERBSEN
1 EL PETERSILIEN-BLÄTTCHEN
SALZ, PFEFFER
4 EIER (GRÖSSE M)
1 BECHER (150 g) CRÈME FRAÎCHE
125 ml (⅛ l) SCHLAG-SAHNE
50 g GERIEBENER, MITTELALTER GOUDA
50 g FRÜHSTÜCKSSPECK (BACON)

Tipp:
Zusätzlich zu Austernpilzen und Erbsen kann die Quiche auch mit anderen Gemüsesorten, z. B. Tomaten oder Zucchini (in Scheiben geschnitten) belegt werden.

AUSTERNPILZQUICHE

1. Für den Teig Mehl in eine Rührschüssel sieben, Salz, Ei, saure Sahne und Butter in Flöckchen hinzufügen.

2. Die Zutaten mit Handrührgerät mit Knethaken zunächst auf niedrigster, dann auf höchster Stufe gut durcharbeiten, anschließend auf der Arbeitsfläche zu einem glatten Teig verkneten. Den Teig in Folie gewickelt 30 Minuten ruhen lassen.

3. Etwa ⅔ des Teiges auf einer bemehlten Arbeitsfläche ausrollen, eine Quicheform (Ø 28 cm) damit auslegen, den Boden mehrmals mit einer Gabel einstechen und die Form auf dem Rost in den Backofen schieben.

Ober-/Unterhitze: etwa 220 °C (vorgeheizt), **Heißluft:** etwa 200 °C (vorgeheizt)
Gas: Stufe 4–5 (vorgeheizt), **Backzeit:** etwa 20 Minuten.

4. Den Boden in der Form auf einem Kuchenrost abkühlen lassen.

5. Für den Belag Austernpilze putzen, mit Küchenpapier abreiben, evtl. abspülen und in Stücke schneiden.

6. Butter mit Öl zerlassen, Austernpilze darin andünsten, etwas abkühlen lassen, Erbsen und Petersilienblättchen unterrühren, mit Salz und Pfeffer abschmecken.

7. Den restlichen Teig zu einer Rolle formen, auf den Boden legen und zu einem Rand andrücken. Die Gemüsemischung auf den Teigboden geben.

8. Eier mit Crème fraîche und Sahne verquirlen, Gouda unterrühren, mit Salz und Pfeffer würzen und über die Pilze geben.

9. Frühstücksspeck in jeweils 4 Stücke schneiden und auf der Quiche verteilen. Die Form auf dem Rost in den Backofen schieben.

Ober-/Unterhitze: etwa 200 °C (vorgeheizt), **Heißluft:** etwa 180 °C (vorgeheizt)
Gas: Stufe 3–4 (vorgeheizt), **Backzeit:** 20–30 Minuten.

PORREEQUICHE

1. Für den Teig Mehl sieben und mit Grünkernschrot in eine Schüssel geben. Butter, saure Sahne, Ei und Salz hinzufügen. Die Zutaten mit Handrührgerät mit Knethaken zu einem Teig verkneten, anschließend auf der Arbeitsfläche zu einem glatten Teig verarbeiten, 30 Minuten in Folie gewickelt ruhen lassen.

2. Für die Füllung Porree putzen, halbieren, waschen, in Streifen schneiden. In kochendem Salzwasser 3–4 Minuten blanchieren, kalt abschrecken, abtropfen lassen. Joghurt mit Gouda, Eiern, Hefeflocken, Salz, Pfeffer und Muskat verrühren. Den Teig nochmals kurz durchkneten, auf der bemehlten Arbeitsfläche dünn ausrollen, ⅔ des Teiges auf den Boden einer Quicheform (Ø 28 cm) legen. Mit einer Gabel den Boden mehrmals einstechen, auf dem Rost in den Backofen schieben.

Ober-/Unterhitze: etwa 200 °C (vorgeheizt)
Heißluft: etwa 180 °C (vorgeheizt)
Gas: Stufe 3–4 (vorgeheizt)
Backzeit: etwa 20 Minuten.

3. Den Boden in der Form auf einem Kuchenrost etwas abkühlen lassen.

4. Aus dem Rest des Teiges eine Rolle formen, als Rand auf den Teig legen und etwa 3 cm hochdrücken. Den Porree mit der Joghurt-Käse-Masse mischen und auf dem vorgebackenen Boden verteilen und **bei gleicher Backtemperatur in 20–30 Minuten fertig backen.**

5. Sonnenblumenkerne in einer Pfanne ohne Fett anrösten, auf der fertigen Quiche verteilen.

DIE ZUTATEN:

FÜR DEN TEIG:
200 g WEIZENMEHL
50 g GRÜNKERNSCHROT
125 g BUTTER
75 g SAURE SAHNE
1 EI (GRÖSSE M)
1 GESTR. TL SALZ

FÜR DIE FÜLLUNG:
600 g PORREE (LAUCH)
2 BECHER (300 g) JOGHURT
75 g GERIEBENER GOUDA
3 EIER (GRÖSSE M)
2 EL HEFEFLOCKEN
SALZ
FRISCH GEMAHLENER PFEFFER
GERIEBENE MUSKATNUSS

50 g SONNENBLUMENKERNE

Tinni: Wenn es etwas gehaltvoller sein soll, statt Joghurt Crème fraîche verwenden.

DIE ZUTATEN:

FÜR DEN KNETTEIG:
260 g WEIZENMEHL
1 EI (GRÖSSE M)
140 g BUTTER
60 g CRÈME FRAÎCHE
SALZ

FÜR DEN BELAG:
JE 300 g ROTE UND GRÜNE PAPRIKASCHOTEN
2 ZWIEBELN
2 KNOBLAUCHZEHEN
100 g GERÄUCHERTER, DURCHWACHSENER SPECK
80 g GETROCKNETE TOMATEN IN ÖL (AUS DEM GLAS, ABGETROPFT)
3 EL MAISKEIMÖL
1 EL PAPRIKAPULVER EDELSÜSS
4 EIER (GRÖSSE M)
1 BECHER (150 g) CRÈME FRAÎCHE
1 TL GEREBELTER THYMIAN
3 ZWEIGE GLATTE PETERSILIE, FEIN GESCHNITTEN
FRISCH GEMAHLENER PFEFFER
80 g GERIEBENER HÖHLENKÄSE

QUICHE NACH PUSZTA ART

1. Für den Teig Mehl in eine Rührschüssel sieben. Ei, Butter, Crème fraîche und Salz hinzufügen. Die Zutaten mit Handrührgerät mit Knethaken zunächst kurz auf niedrigster, dann auf höchster Stufe gut durcharbeiten.

2. Anschließend auf der Arbeitsfläche zu einem glatten Teig verkneten. Sollte er kleben, ihn in Folie gewickelt etwa 30 Minuten kalt stellen.

3. Für den Belag Paprikaschoten halbieren, entkernen, die weißen Scheidewände entfernen, die Schoten waschen und in etwa 3 x 3 cm große Stücke schneiden. Zwiebeln und Knoblauch abziehen und in feine Würfel schneiden. Speck fein würfeln, Tomaten in Streifen schneiden.

4. Öl in einem Topf erhitzen, Zwiebel- und Knoblauchwürfel darin andünsten. Speck hinzufügen und ebenfalls andünsten. Paprikapulver darüber stäuben und kurz mitdünsten. Etwas abkühlen lassen.

5. Die Masse mit Tomaten, Eiern und Crème fraîche vermischen. Die Paprikastücke dazugeben und alles mit Thymian, Petersilie, Salz und Pfeffer würzen.

6. Den Teig auf der bemehlten Arbeitsfläche zu einer Platte (Ø 32 cm) ausrollen, in eine feuerfeste Pieform oder Springform (Ø 28 cm) legen und den Teigrand etwas hochdrücken. Den Belag gleichmäßig auf dem Teig verteilen und den Käse darüber streuen. Die Form auf dem Rost in den Backofen schieben.

Ober-/Unterhitze: etwa 180 °C (vorgeheizt)
Heißluft: etwa 160 °C (nicht vorgeheizt)
Gas: Stufe 2–3 (nicht vorgeheizt)
Backzeit: etwa 40 Minuten.

7. Die Quiche heiß oder lauwarm servieren.

*Tipp:
Passt auch wunderbar als Appetithappen zur Weinprobe.*

DIE ZUTATEN:

FÜR DEN KNETTEIG:
260 g WEIZENMEHL
1 TL PUDERZUCKER
1 TL SALZ
1 EI (GRÖSSE M)
130 g BUTTER

FÜR DEN BELAG:
60 g GESIEBTER PUDERZUCKER
50 g BUTTER
80 g SCHALOTTEN
5 KNOBLAUCHZEHEN
400–500 g ROTE UND GELBE PAPRIKASCHOTEN
SALZ
FRISCH GEMAHLENER PFEFFER
140 g GOUDA, IN SCHEIBEN

Dazu Baguette und Weißwein servieren.

PAPRIKA-TARTE-TATIN

1. Für den Teig Mehl mit Puderzucker mischen und in eine Rührschüssel sieben. Salz, Ei und Butter hinzufügen. Die Zutaten mit Handrührgerät mit Knethaken gut durcharbeiten. Anschließend auf der Arbeitsfläche zu einem glatten Teig verkneten und zugedeckt 60 Minuten ruhen lassen.

2. Für den Belag Puderzucker in einer großen, feuerfesten Pfanne oder Tarteform (Ø 28–30 cm) bei mittlerer Hitze karamellisieren lassen, von der Kochstelle nehmen, Butter dazugeben und durch Schwenken in der Pfanne oder Form verteilen.

3. Schalotten und Knoblauch abziehen und der Länge nach in dicke Scheiben schneiden. Paprikaschoten vierteln, entstielen, entkernen, die weißen Scheidewände entfernen und die Schoten waschen.

4. Paprikaviertel mit der Hautseite nach unten in die Pfanne oder Form legen, dabei die Farben abwechselnd kreisförmig verteilen. In den Zwischenräumen Schalotten und Knoblauch verteilen, mit Salz und Pfeffer würzen und mit Käse belegen.

5. Den Teig auf der bemehlten Arbeitsfläche gut durchkneten und zu einer Platte (Ø 28–30 cm) ausrollen. Die Zutaten in der Pfanne oder Form mit der Teigplatte bedecken und den Rand etwas andrücken. Die Teigoberfläche mehrmals mit einer Gabel einstechen. Die Pfanne oder Form auf dem Rost in den Backofen schieben.

Ober-/Unterhitze: etwa 200 °C (vorgeheizt), **Heißluft:** etwa 180 °C (nicht vorgeheizt)
Gas: Stufe 3–4 (nicht vorgeheizt), **Backzeit:** 35–40 Minuten.

6. Die Pfanne oder Form aus dem Backofen nehmen, eine flache Platte fest auflegen und die Tarte stürzen. Die Pfanne oder Form vorsichtig abheben und evtl. noch anhaftende Zutaten auf die Tarte legen. Sofort servieren.

Käse-Wähe

1. Für den Teig Mehl mit Backpulver mischen, auf die Arbeitsfläche sieben, in die Mitte eine Vertiefung eindrücken.

2. Ei, Salz und Zitronenschale hinzugeben, mit einem Teil des Mehls zu einem dicken Brei verarbeiten. Butter in Stücke schneiden, auf den Brei geben, mit Mehl bedecken, von der Mitte aus alle Zutaten schnell zu einem glatten Teig verkneten, den Teig etwa 30 Minuten kalt stellen.

3. Den Teig etwa 3 mm dick ausrollen, eine gefettete Pie-Form (Ø 28 cm) damit auslegen.

4. Für die Füllung Crème fraîche mit Quark, Eiern und Käse gut verrühren, mit Salz, Pfeffer und Paprika würzen.

5. Die Masse auf dem Teigboden verteilen, glatt streichen. Die Form auf dem Rost in den Backofen schieben.

Ober-/Unterhitze: 180–200 °C (vorgeheizt)
Heißluft: 160–180 °C (nicht vorgeheizt)
Gas: etwa Stufe 3 (nicht vorgeheizt)
Backzeit: etwa 40 Minuten.

DIE ZUTATEN:

FÜR DEN KNETTEIG:
225 G WEIZENMEHL
½ TL BACKPULVER
1 EI (GRÖSSE M)
SALZ
ABGERIEBENE SCHALE VON ½ ZITRONE (UNBEHANDELT)
100 G KALTE BUTTER

FÜR DIE FÜLLUNG:
1 BECHER (150 G) CRÈME FRAÎCHE
250 G SPEISEQUARK
2 EIER (GRÖSSE M)
150 G GERIEBENER KÄSE
FRISCH GEMAHLENER PFEFFER
PAPRIKA EDELSÜSS

DIE ZUTATEN:

300 g TK-BLÄTTERTEIG

4 GERÄUCHERTE FORELLEN-
FILETS (OHNE HAUT)
80 g BUTTER
200 g SPINAT
8 STANGEN GRÜNER
SPARGEL (ETWA 375 g)
1 GROSSES BUND DILL
100–150 g CRÈME
FRAÎCHE
2 EIGELB (GRÖSSE M)
1 GEH. EL GERIEBENER
MEERRETTICH (FRISCH
ODER AUS DEM GLAS)
SALZ
WEISSER PFEFFER
1 EL ZITRONENSAFT

FORELLENQUICHE

1. Blätterteig abgedeckt bei Zimmertemperatur auftauen lassen und auf der bemehlten Arbeitsfläche zu einer runden Platte (Ø etwa 36 cm) ausrollen. Ein rundes Backblech (Ø 30 cm) mit kaltem Wasser abspülen, mit dem Blätterteig belegen und einen Rand andrücken, überhängenden Teig abschneiden. Den Boden mehrmals mit einer Gabel einstechen.

2. Forellenfilets längs in der Mitte teilen.

3. Butter zerlassen und Blätterteig damit bestreichen. Spinat putzen, waschen, kurz in kochendem Salzwasser blanchieren und Blätterteig mit den Spinatblättern belegen. Darauf die Forellenfilets anordnen. Sollten die Filetstreifen zu lang sein, diese passend schneiden und die Reste in die Zwischenräume legen. Spargel nur im unteren Drittel schälen und etwa 3 Minuten in kochendem Salzwasser blanchieren. Spargel zwischen den Forellenfilets verteilen.

4. Von dem Dill die harten Stängel entfernen, einige Dillsträußchen zurücklassen und Spitzen fein hacken. Dill mit Crème fraîche, Eigelb und Meerrettich verrühren und mit Salz, Pfeffer und Zitronensaft abschmecken. Dillsahne-Creme auf den Zutaten verteilen und die Form auf dem Rost in den Backofen schieben.

Ober-/Unterhitze: 200–220 °C (vorgeheizt, unterste Einschubleiste)
Heißluft: 180–200 °C (vorgeheizt)
Gas: etwa Stufe 4 (vorgeheizt)
Backzeit: 20–25 Minuten.

5. Die Forellenquiche mit Dill garniert servieren.

Tipp:
Wenn die Forellenfilets mit Haut verwendet werden, die Filets im Backofen leicht erwärmen, so lässt sich die Haut gut abziehen.

LINSEN-PAPRIKA-QUICHE

DIE ZUTATEN:

FÜR DIE FÜLLUNG:
400 ml GEMÜSEBRÜHE
100 g TELLER-LINSEN
1 ROTE PAPRIKASCHOTE
1 BUND (200 g) FRÜHLINGSZWIEBELN

FÜR DEN KNETTEIG:
200 g WEIZENMEHL
1 MSP. BACKPULVER
100 g BUTTER ODER MARGARINE
1 EI (GRÖSSE M)
SALZ
½ GESTR. TL PAPRIKAPULVER

FÜR DEN GUSS:
2 BECHER (JE 125 g) KRÄUTER CRÈME FRAÎCHE
2 GESTR. TL SPEISESTÄRKE
2 EIER (GRÖSSE M)
SALZ
FRISCH GEMAHLENER PFEFFER
PAPRIKAPULVER

1. Für die Füllung Brühe in einem Topf erhitzen. Linsen etwa 35 Minuten darin garen, abtropfen lassen.

2. Paprikaschote halbieren, entstielen, entkernen, die weißen Scheidewände entfernen, waschen und in dünne Streifen schneiden. Frühlingszwiebeln putzen, waschen und in feine Ringe schneiden. Das Gemüse mit den Linsen mischen.

3. Für den Teig Mehl und Backpulver mischen und in eine Rührschüssel sieben. Die restlichen Zutaten hinzufügen und mit Handrührgerät mit Knethaken zu einem glatten Teig verarbeiten.

4. Den Teig auf der leicht bemehlten Arbeitsfläche zu einer runden Platte (Ø 30 cm) ausrollen und eine gefettete Quiche-Form (Ø 28 cm) damit auslegen. Die Füllung gleichmäßig darauf verteilen.

5. Für den Guss Crème fraîche mit Speisestärke und Eiern verrühren und mit Salz, Pfeffer und Paprika würzen. Guss auf der Gemüsefüllung verteilen.

6. Die Form auf dem Rost in den Backofen schieben.

Ober-/Unterhitze: etwa 180 °C (vorgeheizt)
Heißluft: etwa 160 °C (vorgeheizt)
Gas: Stufe 2–3 (vorgeheizt)
Backzeit: etwa 35 Minuten.

7. Quiche nach dem Backen noch etwa 10 Minuten abkühlen lassen, dann erst schneiden und servieren.

Tipp: Wer mag, kann unter den Guss zwei Esslöffel gehackte Kräuter, z. B. Petersilie und Schnittlauch geben.

Pies & Pasteten

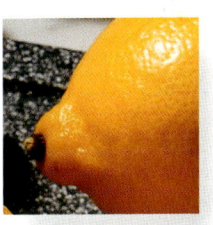

*Lachspastete „Friedjof",
Rezept Seite 72*

DIE ZUTATEN:

FÜR DEN HEFETEIG:
500 g WEIZENMEHL
1 PCK. TROCKENHEFE
1 TL ZUCKER
1 TL SALZ
1 EI (GRÖSSE M)
½ EIGELB (GRÖSSE M)
½ EIWEISS (GRÖSSE M)
200 ml LAUWARME MILCH
100 g ZERLASSENE BUTTER

FÜR DIE FÜLLUNG:
500 g SCHOLLENFILET
125 g ENTRINDETES WEISSBROT
125 ml (⅛ l) SCHLAGSAHNE
2 EIWEISS (GRÖSSE M)
1 ZWIEBEL
10 g BUTTER
1 BECHER (150 g) CRÈME FRAÎCHE
2 EIGELB (GRÖSSE M)
ABGERIEBENE SCHALE VON 1 ZITRONE (UNBEHANDELT)
SALZ
FRISCH GEMAHLENER PFEFFER
GERIEBENE MUSKATNUSS
700 g LACHSFILET
3–4 EL DILL
2–3 EL ZITRONENSAFT

½ EIWEISS (GRÖSSE M)
½ EIGELB (GRÖSSE M)
1 EL MILCH

LACHSPASTETE „FRIEDJOF"

(FOTO SEITE 70/71)

1. Für den Teig Mehl in eine Rührschüssel sieben und mit Trockenhefe sorgfältig vermischen.

2. Die übrigen Zutaten hinzufügen und mit Handrührgerät mit Knethaken zunächst auf niedrigster, dann auf höchster Stufe in etwa 5 Minuten zu einem Teig verarbeiten. Den Teig zugedeckt so lange an einem warmen Ort stehen lassen, bis er sich sichtbar vergrößert hat.

3. Für die Füllung Schollenfilet unter fließendem kalten Wasser abspülen und trockentupfen. Schollenfilet und Weißbrot in Streifen schneiden.

4. Sahne mit Eiweiß vermischen und über die Fisch- und Brotstreifen geben. Zwiebel abziehen, in Scheiben schneiden, in der Butter andünsten und zu der Fisch-Brot-Masse geben. Die Masse durch einen Fleischwolf geben.

5. Crème fraîche mit Eigelb und Zitronenschale verrühren, mit Salz, Pfeffer und Muskat würzen.

6. Lachs unter fließendem kalten Wasser abspülen, trockentupfen, von Haut und Gräten befreien, mit Salz und Pfeffer würzen, in dem Dill wälzen und mit dem Zitronensaft beträufeln.

7. Knapp die Hälfte des Teiges zu einem Rechteck von etwa 23 x 32 cm ausrollen. Eine Fischform ausschneiden und auf ein mit Backpapier belegtes Backblech legen.

8. Die Hälfte der Füllung darauf geben (am Rand 2–3 cm frei lassen), dann das Lachsfilet darauf legen und mit der restlichen Füllung bestreichen. Die Teigränder mit dem Eiweiß bestreichen.

9. Den restlichen Teig ausrollen, die Fischform etwas größer ausschneiden, darauf legen und an den Rändern gut festdrücken. Den Fisch mit den Teigresten (Auge, Flossen) garnieren. Die Oberfläche mit der Schere einschneiden, um „Schuppen" anzudeuten.

10. Eigelb mit Milch verquirlen, den Fisch damit bestreichen, etwa 15 Minuten stehen lassen, dann in den Backofen schieben.

Ober-/Unterhitze: etwa 200 °C (vorgeheizt)
Heißluft: etwa 180 °C (nicht vorgeheizt)
Gas: etwa Stufe 4 (nicht vorgeheizt)
Backzeit: etwa 45 Minuten.

Tipp:
Falls die Pastete zu stark bräunt, sie mit Backpapier abdecken.

Geflügelleber-Pastete

DIE ZUTATEN:

FÜR DEN TEIG:
400 g WEIZENMEHL
1 TL SALZ
2 EIER (GRÖSSE S)
EVTL. 1 EL KALTES WASSER

FÜR DIE FÜLLUNG:
1 GROSSE ZWIEBEL
2 EL SPEISEÖL
500 g GEFLÜGELLEBER
5 EL WEINBRAND ODER SHERRY
FRISCH GEMAHLENER PFEFFER
1–2 MSP. GEMAHLENE NELKEN
2 MSP. GERIEBENE MUSKATNUSS
2 MSP. GEREBELTES BASILIKUM ODER THYMIAN
1 MSP. GEMAHLENER KORIANDER
1 TL EINGELEGTER GRÜNER PFEFFER
10 ZERDRÜCKTE WACHOLDERBEEREN
2 EIER (GRÖSSE M)
1 kg FEINE BRATWURSTMASSE
30–50 g PISTAZIENKERNE
SALZ
1 EL KONDENSMILCH

1. Für den Teig Mehl in eine Rührschüssel sieben, die restlichen Zutaten hinzufügen und alles schnell mit Handrührgerät mit Knethaken zu einem glatten Teig verkneten. Teig zu einer Rolle formen und in Folie gewickelt 1 Stunde ruhen lassen.

2. Für die Füllung Zwiebel abziehen und fein würfeln. Öl erhitzen und Zwiebelwürfel darin andünsten. Geflügelleber putzen, unter fließendem kalten Wasser abspülen, trockentupfen, zu den Zwiebelwürfeln geben und gut anbraten. Weinbrand oder Sherry und Gewürze hinzufügen und verrühren. Leber etwa 1 Minute weiterbraten, erkalten lassen.

3. Leber in kleine Stücke schneiden und mit Bratensatz, Eiern, Bratwurstmasse und Pistazien zu einer geschmeidigen Masse verrühren. Mit Salz abschmecken.

4. Den Teig zu einem Rechteck von 30 x 50 cm ausrollen, den Teig der Form entsprechend (wie beim Auslegen einer Form mit Backpapier) ausschneiden, in die gefettete Kastenform (30 x 11 cm) legen und an den Seiten leicht andrücken. Nahtstellen gut verschließen.

5. Die Masse in die ausgelegte Form geben, fest andrücken, damit keine Luftlöcher entstehen. Den restlichen Teig etwa 33 x 14 cm groß ausrollen, die Teigdecke passend ausschneiden, 3 kleine Löcher ausstechen, damit der Dampf entweichen kann. Die Teigränder in der Form leicht nach innen legen, mit Wasser bestreichen, Decke auflegen und mit einer Gabel am Rand fest drücken. Aus dem restlichen Teig Motive ausstechen, mit Wasser bestreichen und die Teigoberfläche damit garnieren. Mit Kondensmilch bestreichen. Die Form auf dem Rost in den Backofen schieben.

Ober-/Unterhitze: 180–200 °C (vorgeheizt), **Heißluft:** 160–180 °C (nicht vorgeheizt)
Gas: etwa Stufe 3 (nicht vorgeheizt), **Backzeit:** 60–70 Minuten.

DIE ZUTATEN:

FÜR DEN KNETTEIG:
225 g WEIZENMEHL
175 g BUTTER
1 GESTR. TL SALZ
100 g SAURE SAHNE

FÜR DEN BELAG:
750 g AUBERGINEN
SALZ
600 g ROTE ZWIEBELN
5–7 EL OLIVENÖL
SALZ
FRISCH GEMAHLENER PFEFFER
ERBSEN ZUM BLINDBACKEN
175 g ZIEGENFRISCHKÄSE
2 BECHER (JE 150 g) CRÈME FRAÎCHE
2 EIER (GRÖSSE M)
1 DÖSCHEN GEMAHLENER SAFRAN
WEISSER PFEFFER
TABASCOSAUCE

AUBERGINEN-PIE

1. Für den Teig die Zutaten mit Handrührgerät mit Knethaken verkneten, bis ein glatter Teig entstanden ist. 1–2 Stunden in Folie gewickelt kalt stellen.

2. Für den Belag Auberginen waschen, Stängelansätze abschneiden, die Auberginen längs in gut ½ cm dicke Scheiben schneiden, mit Salz bestreuen, etwa 30 Minuten stehen lassen. Zwiebeln abziehen, in Scheiben schneiden, in 2–3 Esslöffeln Öl hellbraun braten, mit Salz und Pfeffer würzen. Auberginen trockentupfen, mit restlichem Olivenöl bestreichen, auf ein Backblech legen, von beiden Seiten hellbraun grillen, auf Küchenpapier legen.

3. Den Teig ausrollen, eine gefettete Pieform (Ø 28–30 cm) damit auslegen, den Boden mehrmals mit einer Gabel einstechen, mit Backpapier belegen, getrocknete Erbsen einfüllen, in den Backofen schieben.

Ober-/Unterhitze: etwa 220 °C (vorgeheizt), **Heißluft:** etwa 200 °C (vorgeheizt)
Gas: etwa Stufe 4 (vorgeheizt), **Backzeit:** 10–15 Minuten.

4. Die Erbsen und das Backpapier entfernen, den Pieteig noch 3 Minuten bei gleicher Einstellung backen. Die Auberginenscheiben, Zwiebeln und Ziegenkäse in Stückchen lagenweise einschichten, dabei die Auberginen mit Salz und Pfeffer würzen. Crème fraîche, Eier und Safran verrühren, mit Salz, Pfeffer und Tabasco kräftig würzen, über den Zutaten verteilen und in den Backofen schieben.

Ober-/Unterhitze: etwa 160 °C (vorgeheizt), **Heißluft:** etwa 140 °C (nicht vorgeheizt)
Gas: Stufe 1–2 (nicht vorgeheizt), **Backzeit:** 45–50 Minuten.

Steak and kidney pie

1. Blätterteig abgedeckt bei Zimmertemperatur auftauen lassen.

2. Roastbeef und Kalbsniere unter fließendem kalten Wasser abspülen, trockentupfen, in grobe Würfel schneiden und in heißem Öl anbraten.

3. Zwiebel abziehen, in Scheiben schneiden. Tomate waschen, Stängelansatz herausschneiden, Tomate in Würfel schneiden, Zwiebel und Tomate zu dem angebratenen Fleisch geben und mitdünsten. Rinderfond angießen, mit Salz, Pfeffer und Worcestersauce würzen, Lorbeerblatt hinzufügen und noch einmal kräftig durchkochen lassen.

4. Das Ragout in eine feuerfeste Form füllen, den Rand mit dem Wasser bestreichen und mit ausgerolltem Blätterteig abdecken. Teig an den Rand drücken und mit verquirltem Ei bestreichen. Die Form auf dem Rost in den Backofen schieben.

Ober-/Unterhitze: etwa 200 °C (vorgeheizt)
Heißluft: etwa 180 °C (vorgeheizt)
Gas: etwa Stufe 3–4 (vorgeheizt)
Backzeit: etwa 30 Minuten.

5. Nach der Hälfte der Backzeit Form evtl. mit Alufolie abdecken, damit der Teig nicht zu dunkel wird.

DIE ZUTATEN:

3 SCHEIBEN TK-BLÄTTERTEIG (180 g)
600 g ROASTBEEF
160 g KALBSNIERE
4 EL SPEISEÖL
1 GROSSE GEMÜSEZWIEBEL
1 GROSSE FLEISCHTOMATE
200 ml RINDERFOND ODER -BRÜHE
SALZ
FRISCH GEMAHLENER PFEFFER
WORCESTERSAUCE
1 LORBEERBLATT
1 EL WASSER
1 EI

DIE ZUTATEN:

FÜR DEN TEIG:
400 g WEIZENMEHL
1 TL SALZ
5–7 EL EISKALTES WASSER
1 EIGELB (GRÖSSE M)
100 g BUTTER
100 g SCHMALZ
1 VERSCHLAGENES EIWEISS
1 EIGELB
1 EL WASSER

FÜR DIE FÜLLUNG:
1 kg HIRSCHGULASCH
3 EL NUSSÖL
30 g BUTTER
2 ZWIEBELN
1 EL BUTTER
250 g DURCHWACHSENER SPECK
4 EIER (GRÖSSE M)
4 EL MADEIRA
50 g GEHACKTE PISTAZIENKERNE
SALZ, PFEFFER
GEREBELTER THYMIAN
500 g SCHWEINEFILET
3 EL SPEISEÖL
125 g FETTER SPECK IN SCHEIBEN

HIRSCHPASTETE (8 PORTIONEN)

1. Für den Teig Mehl auf die Arbeitsfläche sieben, in die Mitte eine Vertiefung eindrücken, Salz, Wasser und Eigelb hineingeben und mit einem Teil des Mehls zu einer dicken Masse verarbeiten.

2. Butter in Stücke schneiden, mit Schmalz auf die Masse geben und mit Mehl bedecken. Von der Mitte aus alle Zutaten schnell zu einem glatten Teig verkneten und den Teig 1 Stunde kalt stellen.

3. Für die Füllung Hirschgulasch unter fließendem kalten Wasser abspülen und trockentupfen.

4. Nussöl mit der Butter erhitzen und das Fleisch in 2 Portionen kurz darin anbraten.

5. Zwiebeln abziehen und fein würfeln. Butter zerlassen und die Zwiebelwürfel darin glasig dünsten lassen. Speck in Stücke schneiden, mit dem Hirschgulasch und den Zwiebelwürfeln durch die feine Scheibe des Fleischwolfs drehen, mit Eiern, Madeira und Pistazienkernen vermengen, mit Salz, Pfeffer und Thymian würzen und die Masse gut durcharbeiten.

6. Schweinefilet unter fließendem kalten Wasser abspülen, trockentupfen, mit Salz und Pfeffer einreiben. Öl erhitzen, Schweinefilet von allen Seiten darin anbraten und abkühlen lassen.

7. Zwei Drittel des Teiges ausrollen, eine gefettete Kastenform (30 x 11 cm) damit auslegen und die Hälfte der Fleischmasse in die Form geben.

8. Schweinefilet mit den Speckscheiben umwickeln und auf die Fleischmasse legen. Die restliche Fleischmasse darauf geben, glatt streichen, den überstehenden Teig über die Füllung schlagen und die Teigränder mit verschlagenem Eiweiß bestreichen.

9. Aus dem restlichen Teig einen Deckel in Größe der Kastenform-Oberfläche ausrollen, auf die Füllung legen und fest andrücken. Aus den Teigresten Figuren (Motive) schneiden, mit Eiweiß bestreichen und die Pastetenoberfläche damit garnieren.

10. In der Mitte der Pasteten-Oberfläche ein Loch ausstechen, damit der Dampf entweichen kann. Eigelb mit Wasser verschlagen und die Pastete damit bestreichen. Die Form auf dem Rost in den Backofen schieben.

Ober-/Unterhitze: 180–200 °C (vorgeheizt)
Heißluft: 160–180 °C (nicht vorgeheizt)
Gas: etwa Stufe 3 (nicht vorgeheizt)
Backzeit: etwa 1 Stunde.

11. Die gare Pastete in der Form erkalten lassen, stürzen und in Scheiben schneiden.

DIE ZUTATEN:

FÜR DIE FÜLLUNGEN:
1 KÜCHENFERTIGES SUPPENHUHN (ETWA 1 ½ kg)
2–2 ½ l KOCHENDES SALZWASSER
1 BUND SUPPENGRÜN
25 g BUTTER
25 g WEIZENMEHL
300 ml HÜHNERBRÜHE
SALZ
FRISCH GEMAHLENER PFEFFER
GEMAHLENER ROSMARIN
75 g DURCHWACHSENER SPECK
250 g CHAMPIGNONS
2 EL GEHACKTE PETERSILIE
200 g KALBSLEBERWURST
1 GEH. EL CRÈME FRAÎCHE
2 EL GEHACKTE PETERSILIE
1 EL WEINBRAND
GEREBELTER THYMIAN
GEREBELTER MAJORAN

FÜR DEN KNETTEIG:
400 g WEIZENMEHL
½ TL SALZ
KNAPP 125 ml (⅛ l) KALTES WASSER
100 g BUTTER
100 g SCHWEINESCHMALZ
1 VERSCHLAGENES EIWEISS
1 EIGELB
1 EL MILCH

HÜHNERFLEISCHPASTETE
(8 PORTIONEN – OHNE FOTO)

1. Suppenhuhn unter fließendem kalten Wasser abspülen, zusammen mit Herz, aufgeschnittenem, gesäubertem Magen und Hals in das Salzwasser geben und zum Kochen bringen. Suppengrün putzen, waschen, in Stücke schneiden und hinzufügen.

2. Huhn in 1 ½–2 Stunden gar kochen lassen, aus der Brühe nehmen, Fleisch von den Knochen lösen, Haut entfernen, Fleisch in Stücke schneiden und erkalten lassen. Die Brühe durch ein Sieb gießen und 300 ml davon abmessen.

3. Butter zerlassen, Mehl unter Rühren so lange darin erhitzen, bis es hellgelb ist, Brühe hinzugießen und mit einem Schneebesen durchschlagen. Darauf achten, dass keine Klümpchen entstehen. Sauce zum Kochen bringen, etwa 5 Minuten kochen lassen, mit Salz, Pfeffer und Rosmarin abschmecken. Das Hühnerfleisch unterrühren und erkalten lassen.

4. Speck in Würfel schneiden und auslassen. Champignons putzen, mit Küchenpapier abreiben, evtl. abspülen, zu dem Speck geben und etwa 5 Minuten dünsten lassen. Mit Salz und Pfeffer würzen, Petersilie unterrühren und erkalten lassen.

5. Kalbsleberwurst mit Crème fraîche, Petersilie und Weinbrand verrühren, mit Salz, Pfeffer, Thymian und Majoran abschmecken.

6. Für den Teig Mehl in eine Schüssel sieben, Salz, Wasser, Butter in Stückchen und Schweineschmalz zugeben und mit Handrührgerät mit Knethaken zu einem Teig verarbeiten. Teig auf der Arbeitsfläche durchkneten und in Folie gewickelt 1 Stunde kalt stellen.

7. Knapp die Hälfte des Teiges auf dem Boden einer Springform (Ø 26 cm) ausrollen und den Springformrand darumstellen. ⅓ des restlichen Teiges zu einer Rolle formen und als 3–4 cm hohen Rand an den Springformrand drücken. Den Teig mehrmals mit einer Gabel einstechen.

8. Zuerst die Leberwurstmasse auf dem Teigboden verteilen, dann Hühnerfleischmasse darauf geben, mit Champignons bedecken, überstehenden Teig über die Füllung klappen und Teigränder mit Eiweiß bestreichen.

9. Aus dem restlichen Teig eine Platte in der Größe des Springformbodens ausrollen, mehrere 1–2 cm große Löcher ausstechen, auf die Füllung legen und fest andrücken. Aus den Teigresten Figuren schneiden, mit Eiweiß bestreichen und die Pastetenoberfläche damit garnieren.

10. Die Form auf dem Rost in den Backofen schieben. Eigelb mit Milch verschlagen und die Pastete nach etwa 30 Minuten Backzeit damit bestreichen.

Ober-/Unterhitze: 180–200 °C (vorgeheizt)
Heißluft: 160–180 °C (nicht vorgeheizt)
Gas: etwa Stufe 3 (nicht vorgeheizt)
Backzeit: etwa 50 Minuten.

Kürbis-Pie

1. Für den Teig Mehl in eine Schüssel sieben, Salz hinzufügen. Butter in Flöckchen und Wasser dazugeben und mit Handrührgerät mit Knethaken zu einem geschmeidigen Teig verarbeiten. Zugedeckt etwa 30 Minuten kalt stellen.

2. Für den Belag Kürbisfleisch in Würfel schneiden, in Cidre etwa 15 Minuten weich dünsten, anschließend gut abtropfen lassen und im Mixer grob pürieren.

3. Eier, Crème fraîche, Cayennepfeffer, Curry und Zitronensaft unterrühren. Schinken würfeln, unter die Kürbismasse ziehen.

4. Teig dünn ausrollen, Boden und Rand einer flachen, großen gefetteten Pie-Form (Ø 30 cm) damit auskleiden, Kürbismischung hineinfüllen, glatt streichen und mit Kürbiskernen bestreuen. Die Form auf dem Rost in den Backofen schieben.

Ober-/Unterhitze: 180–200 °C (vorgeheizt)
Heißluft: 160–180 °C (nicht vorgeheizt)
Gas: etwa Stufe 3 (nicht vorgeheizt)
Backzeit: etwa 50 Minuten.

5. Sollte die Pie zu stark bräunen, sie mit Alufolie abdecken.

Tipp:
Das Rezept reicht für 6–8 Personen, wenn die Pie zum Aperitif serviert wird; als Abendessen ist sie ausreichend für 4 Personen.

DIE ZUTATEN:

FÜR DEN KNETTEIG:
250 g WEIZENMEHL (TYPE 550)
1 TL SALZ
125 g KALTE BUTTER
3 EL KALTES WASSER

FÜR DEN BELAG:
750 g KÜRBISFLEISCH
250 ml (¼ l) CIDRE
2 EIER (GRÖSSE M)
1 BECHER (150 g) CRÈME FRAÎCHE
½ TL CAYENNEPFEFFER
1 TL CURRYPULVER
SAFT VON 1 ZITRONE
300 g GEKOCHTER SCHINKEN
3 EL GESCHÄLTE KÜRBISKERNE

PIES & PASTETEN | 79

DIE ZUTATEN:

FÜR DEN KNETTEIG:
200 g WEIZENKÖRNER
150 g WEIZENMEHL
(TYPE 1050)
1 EI (GRÖSSE M)
100 g BUTTER
ETWA 75 ml KALTES
WASSER
1 TL MEERSALZ

FÜR DIE FÜLLUNG:
1 kg GEMÜSE, Z. B. BLU-
MENKOHL, GRÜNE BOH-
NEN, MÖHREN, PORREE,
SELLERIE
1 l GEMÜSEBRÜHE
1 BECHER (150 g)
JOGHURT
1 BECHER (150 g) SAURE
SAHNE
2 GROSSE ODER 3 KLEINE
EIER
GERIEBENE MUSKATNUSS
PAPRIKA EDELSÜSS
FRISCH GEMAHLENER
PFEFFER
MEERSALZ
3–4 EL GEMISCHTE,
GEHACKTE KRÄUTER, Z. B.
PETERSILIE, KERBEL,
SCHNITTLAUCH
2 EL MILCH
1 EIGELB

GEMÜSEPASTETE

1. Für den Teig Weizen sehr fein schroten, mit Weizenmehl in eine Rührschüssel geben und mischen. Ei, Butter, Wasser und Meersalz hinzufügen.

2. Die Zutaten mit Handrührgerät mit Knethaken zunächst auf niedrigster, dann auf höchster Stufe gut durcharbeiten, anschließend auf der Arbeitsfläche zu einem glatten Teig verkneten. Sollte er kleben, ihn eine Zeit lang kalt stellen.

3. Für die Füllung Gemüse putzen, waschen, klein schneiden, in Brühe etwa 10 Minuten garen, dann abtropfen lassen.

4. Joghurt, saure Sahne, Eier, Muskat, Paprika, Pfeffer, Salz und Kräuter gründlich verquirlen.

5. Etwa $\frac{1}{3}$ des Teiges für den Deckel in der Größe der Springform (Ø 26 cm) ausrollen. Von dem restlichen Teig etwas zum Garnieren zurücklassen. Den übrigen Teig ausrollen und die gefettete Springform damit auslegen.

6. Das Gemüse auf den Teig geben, die Eimischung darauf verteilen, den Deckel auflegen und am Rand gut andrücken. Die Teigdecke mit zurückgelassenem Teig verzieren und mit dem mit Milch verquirltem Ei bestreichen. Die Form auf dem Rost in den Backofen stellen.

Ober-/Unterhitze: etwa 200 °C (vorgeheizt)
Heißluft: etwa 180 °C (vorgeheizt)
Gas: Stufe 3–4 (vorgeheizt)
Backzeit: 30–40 Minuten.

*Tipp:
Für die Füllung kann auch Broccoli, Paprika, Erbsen und Kohlrabi verwendet werden.*

DIE ZUTATEN:

FÜR DEN PASTETENTEIG:
400 g WEIZENMEHL
1 TL SALZ
200 g KALTE BUTTER
2 EIER (GRÖSSE S)

FÜR DIE FARCE:
600 g GEPÖKELTES SCHWEINEFLEISCH OHNE KNOCHEN (AUS DER KEULE)
200 g UNGERÄUCHERTER, FETTER SPECK
2 ZWIEBELN
25 g BUTTER
100 ml MADEIRA
2 EIER (GRÖSSE M)
50 g PISTAZIENKERNE
1 BECHER (150 g) CRÈME FRAÎCHE
SALZ, PFEFFER
GEMAHLENER PIMENT
GERIEBENE MUSKATNUSS

FÜR DIE EINLAGE:
250 g GEPÖKELTE, GEKOCHTE RINDERZUNGE
1 EIWEISS
1 EIGELB
2 EL SCHLAGSAHNE

FÜR DAS GELEE:
2 BLATT WEISSE GELATINE
125 ml (⅛ l) PORTWEIN

BUTTER FÜR DIE FORM

SCHINKENPASTETE
(10–12 Portionen)

1. Für den Pastetenteig Mehl auf die Arbeitsfläche sieben, mit den übrigen Zutaten schnell zu einem glatten Teig verkneten und kalt stellen.

2. Für die Farce Schweinefleisch und Speck würfeln und zuerst durch die grobe, anschließend durch die feine Scheibe des Fleischwolfes drehen. Kalt stellen. Zwiebeln abziehen, würfeln und in Butter andünsten. Mit Madeira ablöschen, sirupartig einkochen und abkühlen lassen. Zur Fleischfarce geben. Eier, Pistazien und Crème fraîche unterrühren. Mit Salz, Pfeffer, Piment und Muskat abschmecken und kalt stellen.

3. Für die Einlage die gepökelte Zunge in daumendicke Streifen schneiden. Eine Kastenform (30 x 11 cm) ausfetten. Etwa ¾ des Teiges auf bemehlter Arbeitsfläche zu einem Rechteck von 50 x 30 cm etwa ½ cm dick ausrollen. An den Ecken jeweils ein Quadrat von 11 cm ausschneiden.

4. Teigplatte in die Form legen, an den Wänden leicht andrücken und an den Ecken gut zusammendrücken. Die Farce etwa 3 cm hoch einfüllen. Zungenstreifen in die Mitte legen, restliche Farce darauf geben und glatt streichen. Den überstehenden Teig darüber legen, mit verschlagenem Eiweiß bestreichen.

5. Restlichen Teig dünn ausrollen, einen Deckel von 30 x 11 cm Größe ausschneiden. Öffnungen für den Dampfabzug ausstechen. Die Teigdecke auflegen und gut andrücken. Aus den Teigresten Blättchen schneiden und die Verzierungen mit dem Eiweiß auf die Teigoberfläche kleben.

6. Aus Alufolie 2 Röllchen formen und als „Kamin" in die Öffnungen stecken. Eigelb und Sahne verschlagen und die Teigoberfläche damit bestreichen. Pastete auf dem Rost in den Backofen schieben.

Ober-/Unterhitze: zuerst etwa 220 °C (vorgeheizt), dann 180 °C
Heißluft: zuerst etwa 200 °C (nicht vorgeheizt), dann 160 °C
Gas: zuerst etwa Stufe 4 (nicht vorgeheizt), dann Stufe 3
Backzeit: zuerst etwa 15 Minuten, dann 35 Minuten.

7. Bei Zimmertemperatur abkühlen lassen, danach im Kühlschrank 1–2 Tage ruhen lassen.

8. Für das Gelee Gelatine in kaltem Wasser einweichen, gut ausdrücken und bei schwacher Hitze in 4 Esslöffeln Portwein auflösen. Unter den restlichen Portwein rühren und in einer Schüssel im Eiswasserbad kalt rühren. Kurz vor dem Festwerden durch den „Kamin" eingießen. Die Pastete wieder kalt stellen und das Gelee fest werden lassen.

BLUMENKOHL-PIE

DIE ZUTATEN:

300 g TK-BLÄTTERTEIG

1 KLEINER BLUMENKOHL
3 KNOBLAUCHZEHEN
3 ZWIEBELN
60 g BUTTER
1 EL GARAM MASALA
1 EL CURRYPULVER
1 BECHER (150 g) CRÈME FRAÎCHE
3 EL ZITRONENSAFT
1 TL GEMAHLENER KREUZ-KÜMMEL
300 g KARTOFFELN
180 g MÖHREN
120 g CHAMPIGNONS
90 g TK-ERBSEN
2–3 EL SEMMELBRÖSEL
1 EIGELB (GRÖSSE M)
1 EL MILCH

1. Blätterteig nebeneinander zugedeckt auftauen lassen.

2. Blumenkohl in Röschen zerteilen, 5 Minuten in Salzwasser kochen, abgießen, abschrecken, gut abtropfen lassen, 250 ml (¼ l) Kochwasser beiseite stellen.

3. Knoblauch und Zwiebeln abziehen, fein würfeln, in Butter andünsten. Garam Masala dazugeben und ebenfalls andünsten, 250 ml (¼ l) Blumenkohlwasser, Currypulver, Crème fraîche, Zitronensaft und Kreuzkümmel dazugeben und aufkochen.

4. Kartoffeln waschen, schälen, in kleine Würfel schneiden. Möhren putzen, schälen, waschen, in kleine Würfel schneiden. Champignons putzen, mit Küchenpapier abreiben, evtl. abspülen, in Scheiben schneiden.

5. Gemüse dazugeben, alles 10 Minuten kochen, dann die Blumenkohlröschen und Erbsen dazugeben, umrühren, kurz dünsten lassen, in eine Pieform (Ø 26 cm) geben, mit Semmelbröseln bestreuen.

6. Blätterteigscheiben übereinanderlegen und zu einem Deckel (Ø 30 cm) ausrollen.

7. Eigelb mit Milch verrühren, den Pieformrand damit einstreichen, Blätterteig auflegen, fest auf den Pieformrand andrücken, überstehenden Teig abschneiden, hieraus Verzierungen für den Deckel schneiden oder ausstechen und auf die Teigdecke legen. In der Mitte des Deckels einen Kamin ausschneiden. Den Deckel mit verquirltem Eigelb bestreichen und die Form auf dem Rost in den Backofen schieben.

Ober-/Unterhitze: etwa 180 °C (vorgeheizt, untere Einschubleiste)
Heißluft: etwa 160 °C (vorgeheizt)
Gas: Stufe 2–3 (vorgeheizt)
Backzeit: 25–30 Minuten.

8. Die Pie aus dem Backofen nehmen, wenn der Blätterteig goldbraun gebacken ist.

Tipp: Statt Blumenkohl Broccoli verwenden.

DIE ZUTATEN:

FÜR DEN KNETTEIG:
300 g WEIZENMEHL
1 EI (GRÖSSE M)
½ EIGELB
½ EIWEISS
SALZ
1 EL KALTES WASSER
100 g SCHWEINESCHMALZ

FÜR DIE FÜLLUNG:
500 g SCHWEINEFILET
2 EL SPEISEÖL
SALZ, PFEFFER
GEREBELTER MAJORAN
2 ZWIEBELN
125 g DURCHWACHSENER SPECK
1 BRÖTCHEN
750 g THÜRINGER METT
2 EIER (GRÖSSE M)
½ BECHER CRÈME FRAÎCHE
1 TL PASTETENGEWÜRZ
2 EL PISTAZIENKERNE
3 EL MADEIRA
125 g SCHINKENSCHEIBEN
½ EIWEISS
½ EIGELB
½ EL KALTE MILCH

SCHWEINEFILET-PASTETE
(OHNE FOTO)

1. Für den Teig Mehl in eine Rührschüssel sieben, die übrigen Zutaten hinzufügen und mit Handrührgerät mit Knethaken zu einem Teig verarbeiten. Anschließend auf der Arbeitsfläche durchkneten, den Teig zu einer Rolle formen und in Folie gewickelt 1–2 Stunden kalt stellen.

2. Für die Füllung Schweinefilet unter fließendem kalten Wasser abspülen, trockentupfen, evtl. enthäuten. Öl erhitzen, Fleisch von allen Seiten darin anbraten (insgesamt etwa 5 Minuten), mit Salz, Pfeffer und Majoran würzen und erkalten lassen.

3. Zwiebeln abziehen, würfeln, Speck würfeln, beide Zutaten im Bratfett dünsten, abkühlen lassen. Brötchen einweichen, gut ausdrücken, mit Mett, Eiern, Crème fraîche, Pastetengewürz, Pistazienkernen und Madeira zu der Speck-Zwiebel-Masse geben, gut verkneten und mit Salz und Pfeffer würzen.

4. Knapp ¾ des Teiges in der Größe einer Kastenform (30 x 11 cm) oder Porzellanform ähnlicher Größe ausrollen, die gefettete Form damit auslegen, den Teig an den Kanten und Ecken gut zusammendrücken. Die Hälfte der Fleischmasse hineingeben und glatt streichen. Das angebratene Schweinefilet mit Schinkenscheiben umwickeln, auf die Fleischmasse legen (in die Mitte), die restliche Fleischmasse darauf geben, und glatt streichen. Den überstehenden Teig über die Füllung schlagen, die Teigränder mit etwas Eiweiß bestreichen.

5. Aus dem restlichen Teig eine Decke in Größe der Formoberfläche ausrollen, auf die Füllung legen und fest andrücken. In der Mitte der Pastetenoberfläche 2–3 Löcher einstechen, damit beim Backen der Dampf entweichen kann. Aus den Teigresten Figuren ausstechen, mit Eiweiß bestreichen und auf die Pastetenoberfläche kleben. Die Form auf dem Rost in den Backofen schieben.

Ober-/Unterhitze: etwa 180 °C (vorgeheizt)
Heißluft: etwa 160 °C (nicht vorgeheizt)
Gas: Stufe 3–4 (nicht vorgeheizt)
Backzeit: etwa 1 ¼ Stunden.

6. Nach 40 Minuten Backzeit Eigelb mit Milch verschlagen und die Pastetenoberfläche damit bestreichen.

7. Sollte die Pastete zu stark bräunen, sie mit Alufolie abdecken.

Tinni
Dazu schmeckt eine Sahnesauce mit vielen Kräutern.

Grünkohl-Kasseler-Pie

DIE ZUTATEN:

FÜR DIE FÜLLUNG:
1 KLEINE ZWIEBEL
2 EL SPEISEÖL
400 g GRÜNKOHL (AUS DEM GLAS)
2 EL KERNIGE HAFERFLOCKEN
200 g KASSELERBRATEN-AUFSCHNITT, GEWÜRFELT
SALZ
FRISCH GEMAHLENER PFEFFER

FÜR DEN GUSS:
2 EIER (GRÖSSE M)
100 g SCHLAGSAHNE
1 BECHER (150 g) CRÈME FRAÎCHE
1 TL SPEISESTÄRKE
SALZ
FRISCH GEMAHLENER PFEFFER
GERIEBENE MUSKATNUSS

FÜR DEN QUARK-ÖL-TEIG:
125 g WEIZENMEHL
2 GESTR. TL BACKPULVER
65 g MAGERQUARK
2 EL MILCH
2 EL SPEISEÖL
1 EIGELB (GRÖSSE M)
¼ TL SALZ

1. Für die Füllung Zwiebel abziehen und fein würfeln. Öl in einer Pfanne erhitzen und Zwiebel darin andünsten. Grünkohl kurz mitdünsten. Haferflocken und Kasseler zugeben und alles mit Salz und Pfeffer abschmecken. Die Füllung in eine Tarteform (Ø 28 cm) füllen.

2. Für den Guss Eier mit Sahne, Crème fraîche und Speisestärke gut verrühren, mit Salz, Pfeffer und Muskat würzen. Guss über die Grünkohl-Kasseler-Füllung geben.

3. Für den Teig Mehl und Backpulver in eine Rührschüssel sieben, restliche Zutaten zufügen und mit Handrührgerät mit Knethaken schnell zu einem glatten Teig verarbeiten.

4. Teig auf der leicht bemehlten Arbeitsfläche zu einer Platte etwas größer als die Tarteform ausrollen. Teigdecke über die Füllung legen und den überstehenden Teig mit Händen andrücken. Die Form auf dem Rost in den Backofen schieben.

Ober-/Unterhitze: 180–200 °C (vorgeheizt)
Heißluft: 160–180 °C (vorgeheizt)
Gas: etwa Stufe 3 (vorgeheizt)
Backzeit: etwa 25 Minuten.

DIE ZUTATEN:

300 g TK-BLÄTTERTEIG

1 kg KLEINE, FEST KOCHENDE KARTOFFELN
250 g DURCHWACHSENER SPECK
3 EL FEIN GESCHNITTENER SCHNITTLAUCH
1 EL GEHACKTE MAJORAN-BLÄTTCHEN
SALZ
FRISCH GEMAHLENER, WEISSER PFEFFER
1 BECHER (150 g) CRÈME FRAÎCHE
3 EIER (GRÖSSE M)
½ EIWEISS
½ EIGELB
GERIEBENE MUSKATNUSS
PAPRIKA EDELSÜSS
½ VERSCHLAGENES EIWEISS
½ EIGELB
1 EL MILCH

KARTOFFELPASTETE (6 PORTIONEN)

1. Blätterteigplatten auseinander legen und bei Zimmertemperatur auftauen lassen.

2. Kartoffeln waschen, in so viel Wasser zum Kochen bringen, dass die Kartoffeln bedeckt sind und in 20–25 Minuten gar kochen. Das Wasser abgießen, die Kartoffeln abdämpfen lassen, heiß pellen und erkalten lassen.

3. Kartoffeln in Scheiben und Speck in Würfel schneiden.

4. Etwa ¾ des Blätterteigs auf einer bemehlten Arbeitsfläche rund (Ø etwa 34 cm) ausrollen und damit den Boden und den Rand einer mit kaltem Wasser ausgespülten Springform (Ø 26 cm) auskleiden, so dass der Rand etwa 4 cm hoch ist.

5. Kartoffelscheiben, Speckwürfel, Schnittlauch und Majoranblättchen abwechselnd auf den Teigboden schichten, dabei die Kartoffelscheiben mit Salz und Pfeffer würzen.

6. Crème fraîche mit Eiern, Eiweiß und Eigelb verschlagen, mit Salz, Pfeffer, Muskatnuss und Paprika kräftig würzen und über den Zutaten verteilen.

7. Den restlichen Teig in der Größe der Springform ausrollen. Aus den Teigresten kleine Figuren ausstechen. Die überlappenden Teigränder und Figurenunterseiten mit dem verschlagenen Eiweiß bestreichen, Teigdecke auflegen, die Ränder fest zusammendrücken und die Figuren auf die Teigoberfläche setzen.

8. Die Teigoberfläche mehrmals mit einer Gabel einstechen. Die Form auf dem Rost in den Backofen schieben.

Ober-/Unterhitze: 200–220 °C (vorgeheizt)
Heißluft: 180–200 °C (nicht vorgeheizt)
Gas: etwa Stufe 4 (nicht vorgeheizt)
Backzeit: etwa 1 Stunde.

9. Eigelb mit Milch verschlagen und nach etwa 40 Minuten Backzeit die Pastete damit bestreichen.

Tipp: Folgende Kartoffelsorten sind fest kochend: Hansa, Nicola, Sieglinde, Linda und Selma.

DIE ZUTATEN:

FÜR DEN TEIG:
350 g WEIZENMEHL
150 g WEIZENVOLLKORN-MEHL
30 g FRISCHE HEFE
200 ml LAUWARMES WASSER
1 EI (GRÖSSE M)
3 EL OLIVENÖL
1 TL SALZ

FÜR DIE FÜLLUNG:
1 kg FRISCHER SPINAT
2 ZWIEBELN
1 KNOBLAUCHZEHE
5 EL OLIVENÖL
FRISCH GEMAHLENER PFEFFER
GERIEBENE MUSKATNUSS
2 BUND DILL
300 g SCHAFSKÄSE
1 EIGELB

GRIECHISCHE SCHAFSKÄSEPASTETE (OHNE FOTO)

1. Für den Teig Mehl in eine Schüssel sieben und mit Weizenvollkornmehl mischen. In die Mitte eine Vertiefung eindrücken, Hefe hineinbröckeln und Wasser dazugeben. Hefe in dem Wasser auflösen, mit etwas Mehl bedecken und zugedeckt an einem warmen Ort etwa 10 Minuten gehen lassen.

2. Ei, Öl und Salz hinzufügen und alles mit Handrührgerät mit Knethaken zu einem geschmeidigen Teig verkneten. Teig zugedeckt so lange an einem warmen Ort gehen lassen, bis er sich sichtbar vergrößert hat (etwa 30 Minuten).

3. Für die Füllung Spinat verlesen, dicke Stiele abschneiden, die Blätter waschen, abtropfen lassen und grob hacken. Zwiebeln und Knoblauchzehe abziehen und würfeln.

4. Öl erhitzen, Zwiebelwürfel darin andünsten, Spinat und Knoblauchwürfel zugeben und kurz mitdünsten. Mit Pfeffer und Muskat würzen.

5. Dill abspülen, trockentupfen und fein hacken. Schafskäse zerbröckeln und beide Zutaten mit dem Spinat vermengen.

6. ⅔ des Teiges auf der bemehlten Arbeitsfläche zu einer runden Platte ausrollen, eine flache, gefettete Pieform (Ø 26 cm) damit auslegen und den Rand etwa 1 cm überstehen lassen. Den Boden mehrmals mit einer Gabel einstechen. Die Spinat-Käse-Mischung gleichmäßig darauf verteilen, den Rand über die Füllung legen und mit etwas verschlagenem Eigelb bestreichen.

7. Den restlichen Teig dünn ausrollen und einen Deckel in Größe der Pieform ausschneiden. In der Mitte mit einem runden Ausstecher (Ø 2 cm) ein Loch ausstechen und den Rand mit einem dünnen Teigröllchen verstärken. Die Teigdecke auf die Pastete legen. Die Ränder gut andrücken. Aus den Teigresten Blätter formen, die Pastetenoberfläche mit Eigelb bestreichen, die Blätter auflegen und ebenfalls mit Eigelb bestreichen. Die Pastete 15–20 Minuten ruhen lassen.

8. Die Form auf dem Rost in den Backofen schieben.

Ober-/Unterhitze: etwa 200 °C (vorgeheizt)
Heißluft: etwa 180 °C (nicht vorgeheizt)
Gas: Stufe 3–4 (nicht vorgeheizt)
Backzeit: etwa 40 Minuten.

9. Die Pastete lauwarm servieren.

Dazu ein Joghurt-Dressing servieren.

MAILÄNDER MAKKARONI-PASTETE

DIE ZUTATEN:

FÜR DEN TEIG:
300 g TK-BLÄTTERTEIG

FÜR DIE FÜLLUNG:
200 g MAKKARONI
60 g WEICHE BUTTER
2 ½ EIGELB (GRÖSSE M)
40 g GERIEBENER, ALTER GOUDA
SALZ
FRISCH GEMAHLENER PFEFFER
GERIEBENE MUSKATNUSS
3 EIWEISS (GRÖSSE M)
200 g GEKOCHTER SCHINKEN
½ EIGELB
1 EL MILCH

1. Blätterteig bei Zimmertemperatur abgedeckt auftauen lassen.

2. Für die Füllung Makkaroni in Stücke brechen, in kochendem Salzwasser etwa 8 Minuten kochen lassen. Makkaroni auf ein Sieb geben, abtropfen lassen.

3. Butter geschmeidig rühren, Eigelb mit Gouda unterrühren, mit Salz, Pfeffer und Muskat würzen und mit den Makkaroni vermengen.

4. Eiweiß steif schlagen und unterheben. ⅔ des Blätterteiges aufeinanderlegen, zu einer runden Platte (Ø etwa 30 cm) ausrollen. Eine mit Wasser ausgespülte Springform (Ø 26 cm) damit auslegen, so dass ein 3 cm hoher Rand entsteht.

5. Schinken in Würfel schneiden, die Hälfte davon auf dem Teigboden verteilen, die Hälfte der Makkaronimasse darauf geben, den übrigen Schinken darüber geben und mit der restlichen Makkaronimasse bedecken.

6. Den Teigrand nach innen auf die Füllung umklappen und mit Wasser bestreichen. Den restlichen Teig in der Größe des Springformbodens ausrollen und auf die Pastete legen, mehrere 1–2 cm große Löcher ausstechen und die Pastete mit den Teigresten garnieren.

7. Eigelb mit Milch verschlagen und die Pastetenoberfläche damit bestreichen.

Ober-/Unterhitze: 200–220 °C (vorgeheizt)
Heißluft: 180–200 °C (vorgeheizt)
Gas: etwa Stufe 4 (vorgeheizt)
Backzeit: etwa 30 Minuten.

PIES & PASTETEN

RATGEBER

Pizza

Die einfachste Form der Pizza ist ein mit Tomatensauce bestrichener Hefeteigfladen. Aus dieser ursprünglichen Form haben sich viele weitere Varianten entwickelt. In erster Linie lassen sich Veränderungen bezüglich Pizzabelag (einfach – nur mit Tomaten und Gewürzen – oder mehrfach, z. B. „Vier Jahreszeiten") vornehmen, doch auch bei der Wahl des Teiges (Hefe-, Knet- oder Quark-Öl-Teig) und der Form (eckig oder rund) ist man nicht festgelegt. Der Käse ist die Krönung von fast jedem Belag: Es gibt ihm den sahnigen Charakter und schützt die darunter verborgenen Zutaten vor dem Austrocknen. Mozzarella ist der klassische Pizza-Käse. Er ist geschmacklich neutral und hat gute Schmelzeigenschaften. Nicht nur Mozzarella, sondern auch Hartkäse, wie z. B. Gouda, Parmesan oder Emmentaler eignen sich zum Überbacken.

Pies

Die Pie, ursprünglich eine englische Pastete, die meist mit einer Teigkruste bedeckt oder in einer offenen Teigkruste gebacken wird, findet auch bei uns immer mehr Anklang. Üblicherweise verwendet man einen Blätter- oder Knetteig. Pies können süß oder pikant gefüllt werden und sowohl warm als auch kalt gegessen werden. Die pikanten Kuchen (Quiche, Tarte) haben sich international weit verbreitet. Sie können diese herzhaften Kuchen in speziellen Formen, aber auch in einer einfachen Springform backen.

Nach dem Rezept die Zutaten für den Teig zu einem glatten Teig verarbeiten und zugedeckt oder in Folie eingewickelt etwa 30 Minuten ruhen lassen. In der Zwischenzeit den Belag vorbereiten: Gemüse dünsten, Kräuter hacken, Schinken würfeln, Eier mit Sahne verrühren. Anschließend alle Zutaten zu einer Masse verrühren.

Auf der bemehlten Arbeitsfläche den Teig dünn ausrollen. Den Boden und den Rand einer flachen, großen Pieform oder einer gefetteten Springform damit auskleiden. Die Füllung hineingeben, glatt streichen, evtl. mit Gewürzen, Nüssen oder Semmelbröseln bestreuen. Die Form auf dem Rost in den Backofen schieben und backen. Die Eiermasse darf nicht anfangen zu brodeln, dadurch entstehen Löcher. Die Form möglichst weit unten einschieben, evtl. mit Alufolie abgedeckt oder mit einem leeren Backblech vor der Hitze schützen.

Pasteten

Pasteten, nicht nur äußerlich ein Genuss, können mit dem „Innenleben" Ihre Gäste immer wieder aufs Neue überraschen. Klassisch gefüllt mit einer Fleischfarce oder die vegetarische Variante mit Gemüse und Käse, erlaubt ist, was schmeckt.

Die Pastete eignet sich hervorragend zum Vorbereiten. Sie können sie direkt nach dem Backen dampfend heiß servieren oder abgekühlt mit einer Sauce und Salat auf den Tisch bringen. Bei einer Pastete gehört die Verzierung der Oberfläche mit Ornamenten dazu.

Pastete in der Kastenform

Der Pastetenteig wird nach Rezept zubereitet und kalt gestellt. In der Zwischenzeit wird entsprechend nach Rezept die Füllung hergestellt.

Eine Kastenform von 30 x 11 cm ausfetten. Etwa ¾ des Teiges auf der bemehlten Arbeitsfläche zu einem Rechteck von 50 x 30 cm etwa ½ cm dick ausrollen. An den Ecken jeweils ein Quadrat von 11 cm einschneiden. Die Teigplatte vorsichtig in die Form legen und an den Wänden leicht andrücken, ein etwa 2 cm breiter Teigrand muss überstehen.

Je nach Rezept wird die Pastete mit einer Fleisch- oder Fischfarce, gedünstetem Gemüse oder gekochten Kartoffelscheiben (evtl. verschiedene Schichten) gefüllt.

Ratgeber

Eine Farce gibt man am besten mit einem Spritzbeutel ohne Tülle ein, anschließend glatt streichen.

Die überstehenden Teigränder zur Mitte hin einschlagen. Den restlichen Teig dünn ausrollen, einen Deckel von 30 x 11 cm Größe ausschneiden, auflegen und andrücken. Öffnungen für den Dampfabzug ausstechen.

Aus den Teigresten Blättchen schneiden oder Ornamente ausstechen. Eiweiß verschlagen und damit die Verzierungen auf die Teigoberfläche kleben, auch mit einem Teigkneifer oder dem Messerrücken kann die Pastete beliebig garniert werden.

Aus doppelt gefalteter Alufolie 2 Röllchen formen und als „Kamin" in die Öffnung stecken. Eigelb und Sahne verschlagen und die Teigoberfläche damit bestreichen.

Die Pastete auf dem Rost in den Backofen schieben und backen.

Wird die Pastete kalt verzehrt, die Pastete nach dem Backen bei Zimmertemperatur abkühlen lassen. Ein Gelee aus Brühe und Gelatine kochen, abkühlen lassen und kurz vor dem Gelieren durch den Kamin in die erkaltete Pastete eingießen. Die Pastete wieder kalt stellen und das Gelee fest werden lassen.

Die Pastete sollte spätestens einen Tag nach der Fertigstellung verzehrt werden, da der Teigmantel weich wird.

KAPITELREGISTER

Pizza mit Fleisch, Fisch und Gemüse

Artischocken- und
   Salami-Schinken-Pizza 30
Broccoli-Oliven-Pizza 10
Champignonpizza 10
Exotische Pizza........................... 33
Geflügelpizza.............................. 25
Meerespizza................................ 16
Minipizzen mit Hackfleisch 20
Muschelpizza 29
Pizza „Colorato" 32
Pizza, exotische 33
Pizza-Fladen 21
Pizzagesichter 22
Pizza Hawaii 34
Pizza Margherita 22
Pizza mit Auberginen und
   Steinpilzen 12
Pizza mit Fisch und
   Staudensellerie 14
Pizza Salami 28
Pizza San Domenico 34
Pizza-Variationen 26
Pizza Vier Jahreszeiten 17
Pizza vom Blech 18
Salami-Paprika-Pizza 24
Zucchinipizza 13

Gemüsekuchen

Blumenkohl-Broccoli-Kuchen ... 49
Fladenkuchen mit Porree 42
Hackfleisch-Ananas-Kuchen...... 46
Hähnchen-Mangold-Kuchen 50
Hessischer Speckkuchen 38
Lachs-Lauch-Kuchen 38
Pikanter Kuchen 44
Pikanter Kuchen mit Mangold ... 48
Rosenkohl-Schinken-Kuchen..... 45
Rosenkohltorte 40
Tomaten-Broccoli-Kuchen 41
Tomatentörtchen mit
   Basilikum.............................. 53
Tomatentorte Isabelle 54
Wirsingkuchen mit
   Pfifferlingen 52

Quiches & Tartes

Austernpilzquiche...................... 60
Basilikum-Tomaten-Quiche 58
Forellenquiche 66
Käse-Wähe 65
Linsen-Paprika-Quiche.............. 68
Paprika-Tarte-Tatin 64
Porreequiche 61
Quiche nach Puszta Art 62
Scampi-Quiche mit
   Frühlingszwiebeln 58

Pies & Pasteten

Auberginen-Pie.......................... 74
Blumenkohl-Pie 84
Geflügelleber-Pastete 73
Gemüsepastete 80
Griechische Schafskäsepastete ... 90
Grünkohl-Kasseler-Pie 87
Hirschpastete 76
Hühnerfleischpastete 78
Kartoffelpastete 88
Kürbis-Pie................................. 79
Lachspastete „Friedjof" 72
Mailänder Makkaroni-Pastete ... 91
Schinkenpastete 82
Schweinefilet-Pastete 86
Steak and kidney pie.................. 75
Schafskäsepastete, Griechische .. 90

Heyne Kochbuch
07/2038

Herausgeber:	Genehmigte Lizenzausgabe für den Wilhelm Heyne Verlag, München, 2002 http://www.heyne.de
Copyright:	© 2002 by Dr. Oetker Verlag KG, Bielefeld
Titelgestaltung: Graphisches Konzept: Gestaltung:	KonturDesign, Bielefeld Andrea Kelger, Bielefeld M·D·H Reiner Haselhorst, Bielefeld
Redaktion:	Jasmin Gromzik, Miriam Krampitz
Rezeptberatung:	Annette Elges, Bielefeld
Fotos:	Thomas Diercks, Hamburg Atelier Frisch, Hamburg Ulli Hartmann, Bielefeld Ketchum PR, München Kramp & Gölling, Hamburg Bernd Lippert, Bielefeld Christiane Pries, Borgholzhausen Fotostudio Toelle, Bielefeld Brigitte Wegner, Bielefeld Bernd Wohlgemuth, Hamburg wpr communication, Königswinter
Satz:	Typografika, Bielefeld
Reproduktion:	Mohn Media Mohndruck GmbH, Gütersloh
Druck:	Offizin Andersen Nexö, Leipzig

Die Autoren haben dieses Buch nach bestem Wissen und Gewissen erarbeitet. Alle Rezepte, Tipps und Ratschläge sind mit Sorgfalt ausgewählt und geprüft. Eine Haftung des Verlages und seiner Beauftragten für alle erdenklichen Schäden an Personen, Sach- und Vermögensgegenständen ist ausgeschlossen.

Nachdruck, auch auszugsweise, nur mit unserer ausdrücklichen Genehmigung und mit Quellenangabe gestattet.

Printed in Germany

ISBN 3-453-19956-1

Dr. Oetker bei Heyne

HEYNE

Rezepte mit Gelinggarantie

In jedem dieser sechs Bände präsentiert Dr. Oetker eine Auswahl seiner besten und beliebtesten Rezepte, die sofort und mühelos nachzukochen sind. Alle Zubereitungsschritte sind klar und exakt beschrieben, dazu genaue Angaben zu Garzeiten und Herdeinstellungen.
Attraktive Fotos zu fast jedem Rezept machen Lust auf Kochen und Backen.

07/2024

07/2025

07/2026

07/2027

07/2028

07/2029

Alle Bände:

96 Seiten, durchgehend vierfarbig,
Broschur, Format 17,5 x 24 cm

€ 6,95 (D)